ANA
EN EL
TRÓPICO

ANA
EN EL
TRÓPICO

UNA NUEVA OBRA
TEATRAL
DE NILO CRUZ

TRADUCCIÓN DE NACHO ARTIME
Y NILO CRUZ

THEATRE COMMUNICATIONS GROUP
NUEVA YORK
2004

Esta publicación ha sido posible en parte por fondos públicos conce-
didos por el New York State Council on the Arts, una agencia del go-
bierno estatal de Nueva York.

Las publicaciones del Theatre Communication Group son distribuidas
únicamente a la industria editorial por el Consortium Book Sales and
Distribution, 1045 Westgate Drive, Saint Paul, MN 55114-8609, USA.

Diseño del libro y fotografía por Lisa Govan.
Diseño de la cubierta por SpotCo.
Foto del autor por Susan Johann.

Primera edición en inglés, septiembre de 2003.
Primera edición de la traducción al español, marzo de 2004.

Redacción de la traducción a cargo de José Lucas Badué.

*Le estoy muy agradecido a Janice Paran
por sus conocimientos y los consejos que me dio en
el proceso de la reestructuración del segundo acto de esta obra.*

ANA
EN EL
TRÓPICO

HISTORIA DE LA PUESTA EN ESCENA DE LA OBRA

La obra original en inglés de *Ana en el trópico* (*Anna in the Tropics*) fue escrita por Nilo Cruz a petición del New Theatre de Coral Gables, Florida, EE.UU. (Rafael de Acha, director artístico; Eileen Suárez, directora gerente). Su estreno mundial tuvo lugar en ese teatro el 12 de octubre de 2002, con dirección de Rafael de Acha; escenografía, Michelle Cumming; diseñadora del vestuario, Estela Vranovich; luminotécnico, Travis Neff; compositor y técnico de sonido, M. Anthony Reimer; jefa del escenario de realización, Margaret M. Ledford. El elenco fue:

SANTIAGO	Gonzalo Madurga
CHECHÉ	Ken Clement
OFELIA	Edna Schwab
MARELA	Úrsula Freundlich
CONCHITA	Deborah L. Sherman
PALOMO	Carlos Orizondo
JUAN JULIÁN	David Pérez-Ribanda
ELIADES	Carlos Orizondo

Ana en el trópico luego fue puesta en escena en el McCarter Theatre Center en Princeton, Nueva Jersey, EE.UU. (Emily Mann, directora artística; Jeffrey Woodward, director gerente), el 18 de septiembre de 2003 como obra inaugural de la nueva sala de la compañía, el teatro Roger S. Berlind. Escenografía, Robert Brill; diseñadora del vestuario, Anita Yavitch; luminotécnico, Peter Kaczarowski; técnico de sonido, Dan Moses Schreier; directora de realización, Mara Isaacs; especialista de dramaturgia, Janice Paran; jefe de realización, David York; jefa del escenario, Cheryl Mintz. El elenco fue:

SANTIAGO	Victor Argo
CHECHÉ	David Zayas
OFELIA	Priscilla López
MARELA	Vanessa Aspillaga
CONCHITA	Daphne Rubin-Vega
PALOMO	John Ortiz
JUAN JULIÁN	Jimmy Smits
ELIADES	John Ortiz

Ana en el trópico se llevó dos meses después a los escenarios de Broadway, en Nueva York. Fue puesta en escena en el Royale Theatre el 16 de noviembre de 2003 con el mismo equipo artístico y elenco susodicho. Fue producida por Roger Berlind, Daryl Roth y Ray Larsen, en asociación con Robert G. Bartner.

LOS PERSONAJES

SANTIAGO
Dueño de una fábrica de tabacos
de casi sesenta años de edad.

CHECHÉ
El medio hermano de Santiago. Tiene unos cuarenta años,
y es mitad cubano y mitad americano.

OFELIA
La esposa de Santiago.
Tiene unos cincuenta y tantos años.

MARELA
La hija de Ofelia y Santiago. Tiene 22 años.

CONCHITA
La hermana de Marela. Tiene 32 años.

PALOMO
El marido de Conchita. Tiene 41 años.

JUAN JULIÁN
El lector. Un hombre de aproximadamente cuarenta años.

ELIADES
Jugador de la vecindad que dirige las peleas de gallos.
Pasa de los cuarenta años.
Lo interpreta el mismo actor que hace de Palomo.

AMBIENTACIÓN

1929. Tampa, Florida, EE.UU,
en un lugar conocido como Ybor City.

DECORADO

Una vieja fábrica de tabacos.

VESTUARIO

Los empleados siempre están muy bien vestidos.
Suelen usar ropa de hilo blanco y beige,
bien planchados y almidonados.

NOTA DEL AUTOR DE LA OBRA

A partir de 1931, los lectores de las fábricas fueron
despedidos, y de los tabaqueros sólo quedaron empleados
americanos mal pagados que operaban las maquinarias.
Así llegó a su fin una tradición.

Citas tomadas de *Ana Karénina* por León Tolstói:

«Al mirarlo» (PÁGINA 26)
Segunda parte, capítulo XII

«Si hay tantas opiniones» (PÁGINA 36)
Segunda parte, capítulo VII

«Al principio, Ana creyó sinceramente» (PÁGINA 45)
Segunda parte, capítulo IV

«Ana Karénina había comenzado una nueva vida»
(PÁGINA 47)
Segunda parte, capítulo XI

«El marido de Ana Karénina no encontraba
nada de particular» (PÁGINA 62)
Segunda parte, capítulo VIII

«Ana se preparó para el viaje con prontitud y alegría»
(PÁGINA 79)
Primera parte, capítulo XXIX

«En su juventud, y a causa de su temperamento miedoso,
al marido de Ana Karénina le preocupaba» (PÁGINA 82)
Tercera parte, capítulo XIII

«Al aproximarse a San Petersburgo» (PÁGINA 85)
Tercera parte, capítulo XIV

ACTO I

Se oyen los ecos de la multitud en una pelea de gallos. Santiago y Cheché apuestan su dinero. Han estado bebiendo, pero no están borrachos. Visten las típicas guayaberas blancas de hilo de mangas largas con pantalones blancos, y calzan zapatos de dos tonos. Eliades recoge las apuestas y se encarga de todas las operaciones.

ELIADES: ¡Peleas de gallos! ¡Vengan a ver los gallos más lindos del mundo volar por el aire y pelearse a muerte! ¡Peleas de gallos! Se puede apostar dos, cuatro, ocho, o diez pesos en Pico Rubio, y cuatro, ocho o quince en Espuela de Oro. Pico Rubio contra Espuela de Oro. Espuela de Oro contra Pico Rubio.

SANTIAGO: Le voy cien pesos a Pico Rubio.

ELIADES: Cien pesos a Pico Rubio.

CHECHÉ: Ochenta a Espuela de Oro.

ELIADES: Ochenta a Espuela de Oro.

SANTIAGO: Le voy diez más a Pico Rubio.

ELIADES: Diez a Pico Rubio. ¿Le vas diez más a Espuela de Oro?

CHECHÉ: No, no. Ya está bien.

ELIADES: Sigan apostando. Cinco, diez, veinte pesos. Pico Rubio contra Espuela de Oro. Espuela de Oro contra Pico Rubio.

(Se oye el ruido de un barco que se aproxima al puerto. Marela, Conchita, y la madre de ambas, Ofelia, esperan el barco en el muelle, y llevan pañuelos blancos en las manos).

MARELA: ¿Será ese el barco que se ve allá?

CONCHITA: Me parece que sí.

OFELIA: Es el único que llega a esta hora.

MARELA: Entonces tiene que ser ese. ¡Ay, me siento tan emocionada! Mamá, déjame ver el retrato otra vez.

OFELIA: ¿Pero cuántas veces lo quieres ver?

MARELA: Cuántas pueda. Tenemos que estar seguras de que es él.

CONCHITA: Cómo te gusta verle la cara.

MARELA: Es que me parece tan elegante y guapo.

(Ofelia abre un sobre y saca una foto).

OFELIA: Aquí está. Pero lo más importante es que tenga las cuerdas vocales fuerte, los pulmones buenos, y una voz que se oiga.

CONCHITA: Lo más importante es que lea claro.

MARELA: Con tal que lea con gusto y sentimiento, yo me conformo. *(Se fija en la foto)* Fíjense en la cara que tiene y en la forma que firma su nombre.

(Se oyen los ecos de la multitud en una pelea de gallos).

ELIADES: ¡Hay un ganador! ¡Hay un ganador! ¡Ganó Espuela de Oro! ¡Espuela de Oro!

CHECHÉ: ¡Ese es el mío!

ELIADES *(contando el dinero)*: Diez, veinte, treinta, cuarenta, cincuenta, sesenta.

SANTIAGO: ¡Qué suerte tienes!

ELIADES: ¡Apuestas para la próxima pelea! Pueden apostar cinco, diez, quince, veinte pesos . . . ¡Cuello de Jaca contra Uña Roja! ¡Uña Roja contra Cuello de Jaca!

SANTIAGO: Le voy ochenta a Cuello de Jaca.

ELIADES: Ochenta a Cuello de Jaca.

CHECHÉ: Le voy ochenta a Uña Roja.

ELIADES: Ochenta a Uña Roja. *(Dirigiéndose al público)* ¡Uña Roja contra Cuello de Jaca! ¡Cuello de Jaca contra Uña Roja!

(Se oye el barco arribando al puerto).

OFELIA: No se lo digan a su papá, pero saqué de mis ahorros para pagarle el viaje al lector.

CONCHITA: Has hecho muy bien, Mamá.

OFELIA: No me arrepiento para nada. ¿Acaso tu padre no se gasta el dinero en las peleas de gallos? Así que yo hago lo que quiero con mi dinero. Me lo gasto en el mejor lector que encontré. El señor que me lo recomendó dice que es el mejor lector de La Habana.

MARELA: No sabes cuánto me alegro, porque el pobre Teodoro escupía demasiado cuando nos leía. A veces parecía que le salían gotas de lluvia de la boca.

OFELIA: ¡Marela! El pobre hombre tenía ochenta años.

MARELA: ¡Y cómo se le notaba!

OFELIA: Por favor, más respeto. Se murió hace sólo tres meses.

MARELA: Tiene todos mis respetos, pero la verdad es la verdad.

OFELIA: El pobrecito, nos sirvió de lector por diez años.

MARELA (*con ironía*): Sí, yo lo quería mucho. Lo quería como si fuera un tío, como un abuelo, que en paz descanse. Pero debería haberse retirado hace un montón de años. Su corazón no podía con tantas historias de amor. Ni tampoco podía con la poesía ni con las tragedias de las novelas. A veces tenía que sentarse después que leía algo muy sentimental y romántico.

CONCHITA: Pues a mí eso era lo que más me gustaba de él, porque se sabía que leía de corazón.

MARELA: Pero ya era demasiado. La última novela le tomó tres meses.

OFELIA: ¡Ah, pero estaba leyendo «Cumbres borrascosas», y nadie quería que terminara. Ni siquiera tú.

CONCHITA: Bueno, espero que el nuevo lector resulte tan bueno como Teodoro, porque el que lo sustituyó duró bien poco . . .

MARELA: Miren para allá. El barco se está acercando. Ay, estoy tan nerviosa . . . Lo único que quiero es que desembarque ya y que se quede para siempre.

CONCHITA (*mirando a la distancia*): Con tantos barcos que hacen escala en La Habana, seguro que trae libros nuevos de la Argentina, y de España y Francia.

(*Se oyen los ecos de la multitud en una pelea de gallos*).

ELIADES: ¡Ya hay ganador! ¡Ya hay ganador! ¡Uña Roja! ¡Ganó Uña Roja!

CHECHÉ: Aquí. Aquí. Uña Roja.

(*Eliades le paga a Cheché mientras sigue anunciando la próxima pelea*).

ELIADES: Veinte, cuarenta, sesenta, ochenta, cien. . . . Veinte, cuarenta, sesenta . . . ¡Ya pueden apostar! Cola Brava se enfrenta a Falcón de Acero. Pueden apostar cinco, diez, quince, veinte pesos . . . Cola Brava contra Falcón de Acero . . .

(Eliades repite la llamada a las apuestas).

SANTIAGO: Cheché, préstame dinero.

CHECHÉ: ¿Cuánto quieres?

SANTIAGO: No sé . . . doscientos.

CHECHÉ: Yo no presto dinero cuando juego, ni cuando estoy tomando.

SANTIAGO: ¿Me vas a obligar a que regrese a casa a buscar dinero?

CHECHÉ: ¡Bueno, no juegues más!

SANTIAGO: ¿Me vas a hacer regresar a casa?

CHECHÉ: Has tenido una noche mala. Lo perdiste todo.

SANTIAGO: Préstame dinero, Cheché. Te juro que te lo pago.

CHECHÉ: Santiago, estás borracho.

SANTIAGO: Préstame dinero, y ya verás cómo gano. Vamos, chico, que tú tienes el dinero de la suerte. Vas a ver todo lo que me saco.

CHECHÉ: ¿Y cuándo me lo vas a pagar?

SANTIAGO: Te garantizo que te lo pago.

CHECHÉ: Me tienes que dar tu palabra de honor.

SANTIAGO: Te doy mi palabra. ¿Tienes un papel? Te firmo un papel. ¿Tienes papel?

CHECHÉ: No, no tengo.

SANTIAGO: Entonces levanta el pie.

CHECHÉ: ¿Cómo que levante el pie?

SANTIAGO *(agarrándole la pierna a Cheché)*: Levántalo, chico.

CHECHÉ: ¿Pero qué demonios . . . ?

SANTIAGO: Déjame ver la suela de tu zapato.

(Santiago saca una navaja).

CHECHÉ: ¿Qué estás haciendo? *(Levanta el pie).*

SANTIAGO: Voy a poner mi firma en la suela de tu zapato.

(Santiago graba su nombre y apellido en la suela del zapato de Cheché).

CHECHÉ: ¿Para qué?

SANTIAGO: Es un comprobante, la garantía que te voy a pagar. Mira bien, «S» de Santiago. ¿Cuánto me vas a prestar?

CHECHÉ: Veinte.

SANTIAGO: ¿Veinte? Eres un tacaño. Aquí puse cien.

CHECHÉ: ¿Cómo que cien?

SANTIAGO: Cien. Ya está.

CHECHÉ: Cien pesos es mucho.

SANTIAGO: Eso es lo que puse ahí.

CHECHÉ: ¿Estás . . . ?

SANTIAGO: Te lo pago. ¡Por el amor de Dios, si soy tu hermano!

(Se oye el barco arribando al puerto).

OFELIA: Ahí está el barco. Agiten los pañuelos.

MARELA: ¿Lo ves?

CONCHITA: Todos los hombres se ven iguales con esos sombreros.

OFELIA: ¿Por qué me emociono tanto cada vez que veo un barco?

MARELA: Mamá, no te pongas brava conmigo, pero puse el nombre del lector en un papel y lo metí en un vaso de agua con azúcar y canela.

OFELIA: ¿Y para qué?

MARELA: Carmela, la que lee las palmas, me dijo que si le ponía azúcar al nombre del lector, que vendría para acá.

OFELIA: Pero eso es como hacerle una brujería.

MARELA: Lo único que le puse fue azúcar y canela, y dio resultados.

OFELIA: Ya te advertí de la brujería. Ya te dije que no te metieras en eso, Marela. Uno no debería cambiar el destino de los demás.

MARELA: Pero si yo no le he cambiado el destino a nadie. Lo único que hice fue endulzarle un poquito el camino.

CONCHITA: Así empiezan las brujeras, con azúcar, y terminan con la candela. Acuérdate lo que le pasó a Rosario: le hizo una brujería a su amante, y el hombre se murió. Y no sólo perdió a su marido, sino que ella terminó destruida.

OFELIA *(a Marela)*: ¿Oíste lo que dijo?

CONCHITA: Dicen que Rosario no podía parar de llorar después que se le murió su amante, y que la cara se le volvió un mar de lágrimas. Su padre se la tuvo que llevar para Cuba para ver si se mejoraba allá. Pero por la noche le entraba una fiebre rara, y cuentan que corría desnuda al mar, y que se metía en el agua para encontrarse con su amante muerto.

MARELA: Me estás metiendo miedo.

(Se oyen los ecos de la multitud en una pelea de gallos).

ELIADES: Quiquiriquí . . . Estamos listos para la próxima pelea. Diamante Negro contra Cresta Fuerte . . . Se abren las apuestas, cinco, diez, quince, veinte pesos . . .

Diamante Negro contra Cresta Fuerte. Cresta Fuerte contra Diamante Negro.

SANTIAGO: Levanta el pie otra vez.

CHECHÉ: ¿Para qué?

SANTIAGO: Déjame ver la suela del zapato.

CHECHÉ: ¿Para qué?

(Santiago graba algo en la suela del zapato de Cheché).

SANTIAGO: Te debo doscientos más.

CHECHÉ: No lo hagas. Esta noche no tienes suerte ninguna.

SANTIAGO: Te lo pago todo. Ya lo tienes escrito en la suela del zapato.

CHECHÉ: Pues bórralo.

SANTIAGO: No puedo. Ahí te puse lo que te debo. Si no te lo pago, te quedas con parte de la fábrica.

(Enseguida Cheché se quita el zapato).

CHECHÉ: Ponlo por escrito. Escríbalo ahí. Ponlo por escrito.

SANTIAGO: Sí, cómo no. *(Agarra el cuchillo y graba lo que le prometió a Cheché en la suela del zapato)* Aquí lo tienes.

(Cheché mira la suela del zapato, y después le da más dinero a Santiago).

CHECHÉ: Aquí está. Vamos.

SANTIAGO: Pero ponte el zapato, hombre.

CHECHÉ: No, deja eso.

SANTIAGO: ¿Y por qué no te lo quieres poner?

CHECHÉ: Porque ahí está el contrato de nosotros, y no quiero que se borre.

SANTIAGO: ¿Y vas a ir caminando con un solo zapato?

CHECHÉ: Sí, ¿y por qué no?

SANTIAGO: ¡Eres un cabrón!

(Se oye el barco aproximándose).

OFELIA: Pues el lector no da señales de vida. A ver si lo echaste todo a perder con tus brujerías.

MARELA: ¡No digas eso! Estoy tan nerviosa que me estoy haciendo pipí.

CONCHITA: ¿Será aquél que nos saluda con el sombrero?

OFELIA: ¿Será él? No lo veo bien desde aquí.

CONCHITA: No. Él es mucho más joven.

MARELA: ¿Y cómo va a saber quiénes somos nosotras?

OFELIA: Yo le dije que me iba a poner un sombrero blanco.

MARELA: ¡Ay, Señor! Si hay más de cincuenta mujeres aquí con sombreros blancos.

OFELIA: Pero le especifiqué que el mío tiene una gardenia prendida.

CONCHITA: ¿No será aquél del traje azul?

MARELA: Qué va, ese es demasiado gordo.

OFELIA: Cuando regresemos a casa, más vale que saques el papelito ese con el nombre del lector del agua con azúcar.

MARELA: ¡Ay Dios mío, me siento fatal! No aparece por ningún lado. Me voy pa' casa. Me voy. Lo eché a perder todo. *(Marela empieza a macharse).*

OFELIA: ¡Marela!

MARELA: Déjame. Lo eché a perder todo.

OFELIA: Ven para acá. Un poquito de azúcar no le hace mal a nadie.

(El lector, Juan Julián, entra en escena. Lleva puesto un sombreo panamá, y viste un traje de hilo blanco).

MARELA: Es todo culpa mía.

OFELIA: No seas boba, Marela.

JUAN JULIÁN: ¿Señora Ofelia?

OFELIA *(se vira para verlo)*: ¿Sí . . . ?

JUAN JULIÁN: La gardenia en su sombrero . . . ¿me equivoco? ¿Señora Ofelia?

(Juan Julián se quita el sombrero).

OFELIA *(muda del asombro)*: ¡Ah!

CONCHITA: Mamá, dile que sí.

OFELIA: ¡Ay, sí! Soy Ofelia.

JUAN JULIÁN: Juan Julián Ríos, a su disposición.

OFELIA: ¡Ah, sí! Yo soy Ofelia . . . Ofelia Alcalar. ¡Qué gran honor!

(Se oye a Marela orinarse de los nervios. Hay una pausa incómoda. Todos se dan cuenta de lo ocurrido).

(Ofelia disimula) ¿Tiene todas sus pertenencias, señor Juan Julián? ¿No trajo equipaje?

JUAN JULIÁN: Debo decirle al maletero que la he encontrado.

OFELIA: Vaya, vaya . . . lo esperamos aquí.

(Juan Julián sale).

(Ofelia se enfada con Marela) ¡¿Qué te pasó, Marela?!

MARELA: No sé.

OFELIA: ¡Ay Santísimo, pero si te orinaste como una niñita!

MARELA: No pude aguantar más, Mamá.

(Música. Cambio de luces).

❧ **ESCENA 2** ❧

En la fábrica de tabacos. Juan Julián lleva varios libros atados con un cinturón. Cheché entra. Tiene puesto un solo zapato. El otro lo lleva en la mano.

CHECHÉ: ¿Busca a alguien?

JUAN JULIÁN: He venido a ver a doña Ofelia.

CHECHÉ: Todavía no ha llegado. ¿Puedo ayudarlo yo?

JUAN JULIÁN: Ella me dijo que llegaba más o menos a esta hora.

CHECHÉ: Sí, está por llegar. ¿Pero en qué lo puedo ayudar yo?

JUAN JULIÁN: No, en nada, gracias. La espero . . .

CHECHÉ: ¿Qué es usted, lector?

JUAN JULIÁN: Sí. Acabo de llegar de Cuba. Hoy es mi primer día . . .

CHECHÉ: Si busca trabajo, no estamos contratando a nadie . . .

JUAN JULIÁN: No, no . . . es que yo . . . soy el nuevo lector que doña Ofelia . . .

CHECHÉ: Sí, ya lo sé . . . Acaba de llegar, pero ya le he dicho que no estamos contratando a nadie . . .

JUAN JULIÁN: Bueno, supongo que no está contratando a nadie porque la señora Ofelia . . .

(Ofelia y sus hijas entran).

CHECHÉ: Ofelia, este caballero . . . ha venido a verte. Ya le dije que no contratábamos a . . .

OFELIA *(con firmeza)*: Lo contraté yo, Cheché.

CHECHÉ: Ah, ya veo. *(Pausa)* Bueno, ¿qué se le va a hacer . . . ?

(Cheché sale).

OFELIA: Bienvenido, Juan Julián. Me contaron que ya conoció a algunos de los empleados que trabajan en el pabellón de ahí enfrente. De verdad que están encantados con su llegada.

JUAN JULIÁN: Ah, sí. Estaba conversando con el señor de la guayabera que se sienta a la derecha.

OFELIA: Ese es Pepino Mellini. Es el mejor torcedor de la fábrica. Es napolitano, y tiene una sensibilidad especial para las historias de amor. También nos canta canciones napolitanas al final de la jornada.

JUAN JULIÁN: Y también conocí a Palomo, el caballero del sombrero panamá.

CONCHITA: Ese es mi marido. Es tabaquero, como nosotras.

OFELIA: ¿Y no conoció a Manola?

JUAN JULIÁN: ¿La mujer que tiene el retrato de Rodolfo Valentino en su mesa?

OFELIA: Esa misma. Ella es la que rellena los tabacos. Y está encantada de que usted haya llegado. A veces se vuelve un mar de lágrimas cuando escucha al lector.

JUAN JULIÁN: ¿Y el caballero con el pañuelo al cuello?

OFELIA: Ah, ese es Pascual Torino. Es español. Se encarga de enrollar. Es melancólico de corazón, y quiere regresar a España para morir en Granada.

JUAN JULIÁN: ¿Y el que se acaba de ir?

MARELA: Chéster es un payaso.

(Conchita y Marela ríen).

OFELIA: ¡Marela! Le decimos Cheché, y es medio hermano de mi marido. No sabíamos que tuviéramos parientes, pero un día se presentó en la fábrica con una fe de nacimiento que decía que era hijo de mi suegro. Lo acogimos y desde entonces es uno más de la familia, aunque de verdad nació en un pueblo bien al norte. *(Ríe)* Mi suegro se divertía por dondequiera.

JUAN JULIÁN: Tengo la impresión de que le ha molestado mi presencia.

MARELA: ¿Cómo va a ser eso? No le haga caso.

JUAN JULIÁN: Cuando llegué a la fábrica me dio la espalda y . . .

MARELA: Cheché se cree el dueño.

OFELIA: Mi marido le ha dado demasiado poder, pero mi marido es el que manda de verdad.

CONCHITA: No le haga caso. Cheché tiene la virtud de convertir el menor incidente en la mayor de las tragedias.

JUAN JULIÁN: Pero es que yo no le he hecho nada.

MARELA: A él no le gustan los lectores.

OFELIA: No entiende para nada el propósito de contratar a alguien como usted para que les lea a los empleados.

JUAN JULIÁN: Pero si es una hermosa tradición.

CONCHITA: Él es de otra cultura.

MARELA: Él cree que los lectores traen más problemas.

JUAN JULIÁN: ¿Y por qué . . . porque les leemos novelas a los trabajadores?¿ ¿Porque los educamos y los informamos?

MARELA: No es eso. Es un asunto más complicado. La mujer se le fue con un lector.

OFELIA: ¡Marela! ¡Él no necesita saber esas cosas!

MARELA: Pero si es la verdad. Un día se desapareció con el lector que teníamos aquí. Ella era una perfecta señorita sureña de Atlanta, y él era de Guanabacoa. Ella tenía una piel blanca como la azucena, y la de él era del color del azafrán.

Y como era de esperar, ahora Cheché está en contra de todos los lectores y sus historias de amor.

JUAN JULIÁN: Pero él no debe culpar a . . .

MARELA: Cheché cree que la mujer se le volvió loca con las historias de amor, y que por eso lo dejó.

OFELIA: ¡Ya está bien, Marela! Cuando todo eso pasó, el pobre hombre estaba desesperado, bravo, triste. Y como no quería enfrentarse a la realidad, se puso a echarles la culpa por su mala suerte a los lectores y a las novelas de amor.

CONCHITA: Si le falta el respeto, dígaselo a mi papá.

OFELIA: No se preocupe. Yo me ocupo de él.

MARELA: ¿Y qué libro piensa leernos?

JUAN JULIÁN: El primero que voy a leer es «Ana Karénina» de Tolstói.

MARELA: «Ana Karénina». Hasta me gusta el título. ¿Es una novela romántica?

JUAN JULIÁN: Sí, muy romántica.

MARELA: Ah, «Ana Karénina» le va a afectar el corazón a Cheché. El pobre, no lo aguanta.

JUAN JULIÁN: Si quieren, les puedo leer otro libro. Traje muchos.

CONCHITA: No, no hago eso. Si quiere leer «Ana Karénina», pues léala.

MARELA: Lo que le hace falta a Cheché es oír otra novela de amor y dejar que las palabras se le aniden en el pelo para que encuentre a otra mujer.

OFELIA: Y Juan Julián, ¿qué le parece la Florida, o más bien, Tampa?

JUAN JULIÁN: Pues, es que . . . es muy . . . Da la impresión de que es una ciudad en vías de desarrollo.

OFELIA: Eso sí es cierto. Todavía estamos formando un pueblecito que se parezca a los que dejamos en Cuba.

JUAN JULIÁN: Es curioso, pero aquí no hay montañas ni lomas. Sólo se ve cielo . . . y nubes . . . Son las nubes más grandes que he visto en mi vida; como si se hubieran tragado el mar entero. Todo es llano por aquí. Por eso el cielo se ve mucho más grande e infinito. El cielo aquí es más grande que el que se veía en Cuba. Y también hay mucha claridad, mucha luz. No creo que haya dónde taparse del sol.

MARELA: Siempre hay sombra y dónde esconderse en el parque, y si no, se puede esconder detrás de la misma luz.

(Las mujeres sueltan una risa nerviosa).

JUAN JULIÁN: ¿Sí? ¿Y cómo se esconde uno detrás de la luz?

MARELA: Depende de lo que se esté escondiendo.

JUAN JULIÁN: ¿Quizá de la misma luz?

MARELA: Pero es que hay muchos tipos de luz. Hay la luz del fuego, la de las estrellas. La que se refleja en los ríos. La que se mete por las hendijas. Incluso hay la luz que se refleja en la piel. ¿De cuál habla usted?

JUAN JULIÁN: Tal vez de la que se refleja en la piel.

MARELA: De esa es muy difícil escapar.

(Las mujeres ríen.
Cheché entra. Sigue con el zapato en la mano).

CHECHÉ: Ofelia, ¿por qué no vino Santiago a trabajar hoy?

OFELIA: Tuvo que ir a casa de Camacho. ¿Cuál es el problema, Cheché?

CHECHÉ: Nada, es que quería hablar con él . . . ¿Viene más tarde?

OFELIA: No sé. ¿Qué le pasa a tu zapato?

CHECHÉ: Nada. Es un cuento largo . . . Bueno, es que . . .

OFELIA: ¿Te caíste? ¿Te lastimaste?

CHECHÉ: No, no me pasó nada.

OFELIA: Cada día que pasa, a mí los pies se me ponen peor. Si no es el juanete, es la uña enterrada . . .

CHECHÉ: No, Ofelia. No es eso.

OFELIA: ¿Entonces por qué estás caminando con . . . ?

CHECHÉ: Es que . . . los zapatos que uso para trabajar . . . los llevé ayer al zapatero, y todavía no están listos.

OFELIA: O sea, tienes puestos zapatos nuevos, y te duelen los pies.

CHECHÉ: No, no . . . Es que anoche Santiago y yo fuimos a las peleas de gallos.

OFELIA: ¡Ajá! Ahí radica el problema. ¡Hasta perdiste los zapatos!

CHECHÉ: No, yo no perdí nada. Fue tu marido el que perdió todo su dinero, y un poco del mío.

(Ofelia ríe).

OFELIA: ¿Así que me traes el zapato para que se lo tire por la cabeza?

(Todas las mujeres ríen).

CHECHÉ: No, Ofelia. Es que . . .

OFELIA: ¿Entonces que haces con el zapato? ¿Andas pidiendo limosna por ahí? En lugar de pasar el plato o el sombrero . . . ¿estás pasando el zapato?

CHECHÉ: Bueno, te lo estoy pasando a ti.

OFELIA: Pero si yo no tengo ni un centavo, Cheché.

CHECHÉ: No te estoy pidiendo dinero.

(Juan Julián y las hermanas salen).

OFELIA: ¿Entonces a qué viene todo esto?

CHECHÉ: Mira . . . es que aquí, en la suela del zapato, Santiago apuntó lo que me debe.

OFELIA: ¿Y cuánto es?

CHECHÉ: Aquí está.

OFELIA: Eso es un montón de dinero.

CHECHÉ: Eso es lo que me debe.

OFELIA: ¿Y de dónde sacaste tú tanto dinero?

CHECHÉ: Yo estaba ganando.

OFELIA: Pero te emborrachaste y se lo diste todo.

CHECHÉ: No, yo . . . el caso es que él quería seguir jugando, pero no quería regresar a la casa para buscar más dinero, así que le presté todo lo que yo tenía. Entonces marcó lo que me debía en la suela del zapato. Espero que me lo pague.

OFELIA: ¿Y qué quieres que haga yo?

CHECHÉ: Bueno, esto es una cuenta pendiente. Es un documento.

OFELIA: ¿Tú no estás hablando en serio, no?

CHECHÉ: Esto es un contrato. Si no me paga . . . mira, mira sus iniciales . . . ¡Él me firmó la suela del zapato . . . sí la firmó! Y me dijo que si no me pagaba, que me quedara con otra parte de la fábrica.

OFELIA: Quítame ese zapato de ahí. No lo quiero ver más.

CHECHÉ: Pero Ofelia . . .

OFELIA: Te he dicho que no lo quiero ver más.

CHECHÉ: Pero . . .

OFELIA: No sé que se traen entre manos tú y tu hermano, pero yo no tengo nada que ver con eso. Mejor vete al zapatero para que te arregle los zapatos.

(Música. Cambio de luces).

❦ **ESCENA 3** ❦

Juan Julián se pasea entre las mesas de los tabaqueros mientras lee de «Ana Karénina». Lee con pasión y entusiasmo. Aunque no dejan de trabajar, los tabaqueros están totalmente inmersos en lo que oyen.

JUAN JULIÁN *(leyendo)*:

> Al mirarlo, Ana Karénina vio su bajeza tan palpable que no acertó a pronunciar más palabras. En cuanto a él, se sintió como el asesino ante el cuerpo inanimado de su víctima. El cuerpo inmolado por ellos era el amor que profesaban; es decir, la primera fase de su amor. Había algo de terrible y odioso en el recuerdo del precio pagado por su vergüenza. El sentimiento de la decadencia moral que aplastaba a Ana se apoderó también de su amante Wronsky. Pero, sea cual fuere el horror del asesino ante el cadáver de su víctima, siempre procura esconderlo para sacar provecho de su crimen. Y así como el culpable se precipita a veces sobre el cadáver con rabia y lo arrastra hasta despedazarlo, él cubría con sus besos la cabeza y los hombros de Ana Karénina. Ella le sujetó la mano sin moverse; sí, aquellos besos fueron comprados al precio de su honor . . . .

Esto es todo de «Ana Karénina» por hoy.

(Los empleados aplauden).

MARELA *(aún cautivada por lo que había oído)*: ¿Por qué siempre para cuando llega a lo mejor?

OFELIA: Para mantener la emoción.

CONCHITA: Y para que sigamos queriendo oír más.

MARELA: Es un lector maravilloso.

OFELIA: Por algo lo llaman el Canario Persa, porque cuando lee es como oír el canto de un pájaro.

MARELA: ¿Y han olido la colonia que le sale del pañuelo cada vez que se seca la frente? La fragancia envuelve las palabras como si fuera humo.

CHECHÉ *(a Palomo)*: ¡Dios santo, lo que ya me había imaginado! Ahora se pasan horas dando suspiros y hablando de esos cuentos de amor.

MARELA: Te estoy oyendo, Cheché.

CHECHÉ: Pero si a mí es lo que más me gusta es cuando discuten los detalles, porque no sé por qué, pero yo no oigo los cuentos igual que ustedes.

PALOMO: Ni yo tampoco. Quizá porque somos hombres.

MARELA: Háganme el favor de no ser tan cínicos.

CONCHITA: No les hagas caso.

PALOMO: No, por favor, me gustaría oír lo que van a decir.

CONCHITA: Mamá, hiciste muy bien en contratarlo.

OFELIA: Sólo un imbécil es incapaz de entender la importancia de tener un lector mientras trabajamos.

MARELA: Pues Cheché no está muy satisfecho con él.

OFELIA: Porque Cheché es un imbécil.

CHECHÉ: Yo no he dicho que . . .

OFELIA: Yo te oí lo que le dijiste a Palomo hoy por la mañana, y no creas que por eso vamos a despedir al lector.

CHECHÉ: Lo único que dije fue . . .

OFELIA: Cuando yo vivía en La Habana no recuerdo que hubiera una fábrica de tabacos sin lector. De niña me sentaba al fondo de la nave para oír esas historias inolvidables. Y eso siempre ha sido un orgullo de nosotros. Algunos de los empleados no sabrán leer ni escribir, pero sí se saben de memoria párrafos enteros de «Nuestra Señora de París», y de «El Quijote».

CHECHÉ: Lo único que dije es que tengo miedo que estemos ante otra tragedia de amor.

PALOMO: A mí me gustan los cuentos de amor.

MARELA: Y a mí también.

CHECHÉ: Pues yo prefiero una novela policíaca.

MARELA: Esas no tienen calidad literaria, Chéster.

CONCHITA: Bueno, yo no sé si lo mismo les ha pasado a ustedes, pero desde que nos empezó a leer «Ana Karénina», la mente se me va para Rusia.

MARELA: A mí me pasa lo mismo. Yo sueño con la nieve blanca, y con Ana bailando un vals con Wronsky. Y luego los veo en un saloncito y la nieve se derrite por el calor de sus cuerpos y de la piel. Y entonces lo que más quiero hacer es pedirle prestado un abrigo de piel a mi amiga Cuqui Salazar y largarme para Rusia.

OFELIA: Él escogió la novela perfecta. No hay nada como leer un libro de invierno en pleno verano. Es como tener un ventilador o una nevera a mano para aliviar el calor de la noche.

CHECHÉ *(a Palomo)*: Ayúdame con las cajas.

(Los hombres salen).

MARELA: ¿Cómo fue lo que dijo?: «Y así como el culpable se precipita a veces sobre . . .».

CONCHITA: «. . . sobre el cadáver con rabia y lo arrastra hasta despedazarlo, él cubría con sus besos la cabeza y los hombros de Ana».

MARELA: ¿Eso quiere decir que . . . cuando uno se enamora, que le arrancan la vida al cuerpo?

CONCHITA: No, te equivocas. El cuerpo al que le arrancan la vida es el amor que se tenían. El amor de Ana y su amante.

OFELIA: Debe ser horrible vivir así.

MARELA: ¿Y por qué?

OFELIA: ¡Por la forma cómo viven los tres! Ana, el marido, y el amante. Debe ser una pesadilla.

MARELA: ¡Pues no lo es!

(Conchita se refiere a la novela, y también a su propia vida).

CONCHITA: Sí lo es. Incluso, Ana lo comenta. Según ella, es como una maldición. Se refiere a eso al final, cuando dice que los besos del amante fueron comprados con su deshonra. Debe sentirse muy desgraciada.

MARELA: ¿Desgraciada? Yo creo que más bien encantada.

OFELIA: Marela, es que tú no le prestas atención a la novela.

MARELA: Pero si yo no me pierdo ni un detalle.

CONCHITA: Entonces deberías saber lo que significa para ella sentirse desgraciada. El marido vive en una total amargura, y su amante también. Seguro que no aguantarían más la situación si no tuvieran alguna esperanza.

MARELA: ¿Y entonces por qué Ana tiene un amante?

OFELIA: Porque no tiene otro remedio. No se le puede escapar. Por eso el autor habla del amor como si fuera un ladrón. El ladrón es la fiebre misteriosa que los poetas vienen analizando desde hace siglos. Acuérdate de lo que dijo Ana al final.

CONCHITA: Marela no se acuerda de nada.

MARELA: Te equivocas. Lo que sucede es que no me ciño a las palabras como ustedes. No intento entender todo lo que dicen. Yo me dejo llevar. Cuando Juan Julián se pone a leer, el cuento me penetra el cuerpo y yo me convierto en uno de los personajes.

OFELIA: No seas tonta, hija.

MARELA: Siempre nos queda soñar.

OFELIA: Sí, claro. Pero entonces deberíamos tener una vara para medir los sueños.

MARELA: A mí me haría falta una vara bien larga, una de esas capaces de medir el cielo.

CONCHITA: Qué boba eres.

MARELA *(a Conchita)*: Pero todo en la vida sueña. Una bicicleta sueña con ser niño, un paraguas sueña con ser la lluvia, y una perla sueña con ser mujer, y una silla sueña con ser una gacela que huye al bosque.

OFELIA: Pero hija, la gente como nosotros . . . no debe olvidar vivir con los pies en la tierra, ni tampoco debe tener delirios de grandeza.

(Suena una campana. Palomo entra).

Al fin se acabó el día. Qué bien. Hoy hice más de quinientos tabacos.

MARELA: Y yo me casé con más de mil. Por eso me gusta ponerle los anillos a los tabacos: es como estar casándome con todos esos hombres que van a fumarlos sin ni siquiera llegar a conocerlos.

OFELIA: Los hombres se casan con sus puros, cariño, y el humo blanco se convierte en los velos de novia. Mi madre decía: «Cuando el hombre se casa, se casa con dos mujeres: la novia y su habano». ¿Nos vamos, Conchita?

CONCHITA: No. Palomo y yo vamos a trabajar hasta tarde.

OFELIA: Los espero para cenar. Hasta luego.

CONCHITA: Hasta luego.

OFELIA: Hasta luego, Palomo.

PALOMO: Hasta luego.

MARELA: Hasta luego.

(Salen Ofelia y Marela).

PALOMO: Así que tu padre se buscó un lío otra vez, y que . . .

CONCHITA: Parece que sí.

PALOMO: ¿Y cuánto perdió ahora?

CONCHITA: Bastante.

PALOMO: Bastante puede ser una buena cantidad de dinero.

CONCHITA: Tienes razón. Lo sé. Lo que yo no entiendo es qué saca él con perder tanto dinero.

PALOMO: Eso nunca lo sabremos. *(Se pone a hacer un tabaco).*

CONCHITA: ¿Y qué tal te parece la novela de Juan Julián?

PALOMO: Me gusta mucho.

CONCHITA: ¿No te hace sentir incómodo?

PALOMO: ¿Y por qué me voy a sentir yo incómodo?

CONCHITA: Por el personaje del amante.

PALOMO: En todas las novelas siempre hay un romance ilícito.

CONCHITA: ¿Y no te has puesto a pensar en todo lo que pasa entre Ana Karénina y su marido?

PALOMO: Sí, pero yo . . .

CONCHITA: ¿En qué piensas cuando estás oyendo el libro?

PALOMO: En el dinero que tiene esa gente.

CONCHITA: Yo sabía que ibas a decir algo por el estilo.

PALOMO: ¿Y por qué dices eso, porque me gusta el dinero?

CONCHITA: Yo hablo de literatura y tú de dinero.

PALOMO: ¿Entonces que quieres que diga?

CONCHITA: Que me hables de la trama, de los personajes . . .

PALOMO: ¿No te gustaría tener tanto dinero como ellos? Así no te pasarías todo el santo día haciendo tabacos, y seguir trabajando después que se acaba el turno para ahorrar un dinerito para montar nuestro propio negocio.

CONCHITA: Bueno, a mí no me molesta hacer tabacos . . .

PALOMO: ¿Y qué de bueno tiene?

CONCHITA: Mi mente vaga por otros mundos.

PALOMO: ¿Y qué mundos son esos?

CONCHITA: Lugares y cosas que el dinero no puede comprar.

PALOMO: El dinero lo compra todo.

CONCHITA: No los lugares de mi imaginación.

PALOMO: ¿Y qué lugares son esos?

CONCHITA: Los que están hechos de sueños.

PALOMO (*ríe, casi burlón*): Qué rara tú eres Conchita. A veces no sé por qué me casé contigo.

CONCHITA: Te casaste conmigo porque el día que te conocí te ofrecí un puro que te había hecho yo, y cuando te lo fumaste, me dijiste que yo te había entrado en la boca como un cazador de perlas que se desliza en el agua.

PALOMO: ¿Yo te dije eso?

CONCHITA: Sí me lo dijiste, después que echaste un anillo de humo azul. Y tus palabras se quedaron navegando en el aire como una nube, y vi que me podría enamorar de tu boca.

PALOMO: Que yo recuerde, me casé contigo porque tu padre casi me ahorca.

CONCHITA: Eso me lo explica todo. Nunca fui muy importante para ti.

PALOMO: ¿Quieres pelear?

CONCHITA: No, te he hecho una sola pregunta sobre una historia de amor, y me contestas con tonterías.

PALOMO: Ya deja eso.

CONCHITA: Ya me doy cuenta que a ti no te importa nada. Te da igual que Juan Julián nos lea un libro de Martí o de Shakespeare, porque a ti te entra por un oído y te sale por el otro.

PALOMO: Yo sí le presto atención a lo que lee. Lo que pasa es que no lo tomo tan a pecho como tú.

CONCHITA: Pues deberías hacerlo. ¿Te acuerdas en el libro cuando el marido de Ana Karénina sospecha que ella tiene un querido? ¿Te acuerdas cómo se paseaba por la habitación cómo un animal enjaulado?

PALOMO: Ya sé por dónde vas.

CONCHITA: Me gustaría tener una conversación seria como la que tienen los personajes de la novela. He aprendido muchas cosas con ese libro.

PALOMO: ¿Por ejemplo?

CONCHITA: Los celos. Para el marido de Ana los celos se basan en un sentimiento casi animal. Y tiene razón. Por eso no quiere que Ana sepa que él es capaz de sentir emociones tan primitivas y vergonzosas.

PALOMO: Pero tú no puedes evitar ser celosa. Eso forma parte de tu naturaleza.

CONCHITA: Eso era antes.

PALOMO: Bueno, cómo has cambiado entonces.

CONCHITA: Es que veo al marido tan clarito en la novela. Como los pensamientos pasan por su mente . . . como me pasa a mí. Bueno, no, es igual, porque él es un hombre educado, rodeado de cultura y dinero, y yo soy una simple empleada en una fábrica de tabacos.

Pero con este libro estoy aprendiendo a ver las cosas a través de nuevos ojos. Lo que pasa en la novela nos está pasando a nosotros.

No, no me mires de esa forma. Puede que no quieras reconocerlo, pero Ana y su marido me recuerdan a nosotros. Con la excepción de que yo soy más bien como el marido.

PALOMO: Entonces, quién soy yo, ¿Ana Karénina?

CONCHITA: Eres tú quién tiene un amor secret, no yo.

PALOMO: Ven, vamos, ya es tarde . . . Vamos para la casa. Así es imposible trabajar.

CONCHITA: Así Ana le contesta cuando el marido le pregunta sobre su amante. «Ya es tarde. Vamos a dormir».

PALOMO: Me parece que estás exagerando un poco.

CONCHITA: ¿Ah, sí? ¿Alguna vez has oído hablar a un sordo? Tienen la voz tosca y casi primitiva. No tienen sentido del sonido ni del espacio porque no pueden oírse a sí mismos, ni tampoco saben si alguien en este mundo los oye. A veces me gustaría tener una conversación larga contigo, así, como si fuera sorda. Como si fuera incapaz de oírte y de oírme a mí misma, y seguir hablando y hablando hasta decir todo lo que se me ocurra, como un caracol que grita con la voz del mar y que no le importa que nadie lo oiga. Así me gustaría conversar contigo y hacerte preguntas.

PALOMO: ¿Y para qué hablar así? ¿Qué quieres saber?

CONCHITA: Cosas que nunca me cuentas porque crees que no las voy a entender.

PALOMO: ¿Cómo qué?

CONCHITA: Quiero saber cómo es ella, y qué hace para hacerte feliz.

PALOMO: Vamos.

CONCHITA: ¿Y por qué?

PALOMO *(bruscamente)*: ¡Porque no quiero hablar más de eso!

(Una pausa).

CONCHITA: ¿Qué vamos a hacer, Palomo?

PALOMO: No sé. ¿Quieres divorciarte? En seis semanas lo arreglamos, pero tu familia y la mía van a estar en contra de eso. Así que olvídate de divorciarnos.

CONCHITA: ¿Y qué te parece si te digo que lo que quiero es cortarme el pelo, cambiar de aspecto, y buscarme un amante?

PALOMO: ¿Que dijiste?

CONCHITA: Lo que oíste.

PALOMO: ¿Quieres buscarte un querido?

CONCHITA: Sí, como lo has hecho tú.

PALOMO: ¡Ave María Purísima!

CONCHITA: Tengo el mismo derecho.

PALOMO: Esta novela va a acabar con nuestro matrimonio.

CONCHITA: ¿Y tú no crees que ya está destrozado?

PALOMO: No . . . yo . . .

CONCHITA: Ya no hacemos el amor como antes.

PALOMO: Bueno es que . . . tu y yo . . . nosotros . . .

CONCHITA: Está bien, Palomo. Está bien. *(Le toca el brazo a Palomo)* Ana Karénina dijo algo que no dejo de repe-

tirme: «Si hay tantas opiniones como cabezas, hay también tantas maneras de amar como corazones».
Trataré de amarte de otra manera. Eso sí lo puedo
hacer. Y tú deberías hacer lo mismo.

(Música. Cambio de luces).

❦ ESCENA 4 ❦

*Una proyección de luz en el suelo sugiere el interior de la casa. Ofelia
y Santiago se han dejado de hablar. Ella se sienta en un extremo del
escenario, y él en el opuesto. Marela queda junto a Santiago. El diá-
logo es rápido.*

SANTIAGO: Pídele dinero a tu madre y vete a comprarme ci-
cigarrillos. Ella me dejó de hablar.
MARELA: Papá quiere dinero para comprarle una cajetilla de
cigarrillos.
OFELIA: Y pregúntale tú cuándo va a regresar al trabajo.
MARELA: Quiere saber cuándo vas a regresar al trabajo.
SANTIAGO: Dile que en cuanto Camacho me preste dinero
para pagarle a Cheché.
MARELA: Dice que cuando Camacho le dé dinero para
pagarle a Cheché.
OFELIA: Pues dile que deje de fumar, porque yo sí que no le
voy a dar ni un centavo.
SANTIAGO: ¿Qué dice . . . ?
MARELA: Bueno, que . . .
SANTIAGO: Ya la oí, ya la oí. *(A Ofelia, gritando)* ¡Dile que está
loca!
MARELA: Dice que estás loca.

OFELIA: Pues dile que es un borracho, un ladrón, y un jugador que no sirve para nada.

MARELA: Dice que . . .

SANTIAGO: Ya la oí.

MARELA: Ya te oyó, Mamá.

OFELIA: ¡Me alegro!

MARELA: Dice que se alegra.

SANTIAGO: ¡Estás para un manicomio! ¡Para un manicomio!

OFELIA: Dile que no lo oí decir eso. Le he dicho que no quiero que me hable.

SANTIAGO: ¡Ah, me oyó!

OFELIA: Dile que no quiero oír sus barbaridades.

MARELA: ¿La oíste, Papá? No quiere oír tus barbaridades.

SANTIAGO: Dile que . . .

(Marela se acerca a su padre).

OFELIA *(furiosa)*: Ven acá, Marela . . .

(Marela se le acerca a su madre).

SANTIAGO: Marela, ven acá . . .

MARELA: ¡Un momento, Mamá! ¡Ahora no te toca a ti!

OFELIA: Marela . . .

MARELA: ¡Para ya! ¡No puedo estar aquí y allá a la misma vez!

(Silencio. Ofelia y Santiago mueven las cabezas como dando por terminado el enfado).

OFELIA Y SANTIAGO: ¡Que locura!

MARELA: Bueno, lo dos lo tuvieron que haber oído.

(Marela trata de decir algo, pero Ofelia y Santiago no la dejan).

SANTIAGO: Dile que voy a empeñar mi anillo de boda.

OFELIA: Dile que lo debería haber hecho hace mucho tiempo.

SANTIAGO: Tiene razón, debería haberlo hecho hace muchísimo tiempo.

OFELIA: Sí, antes de que el dedo se le pusiera flojo

SANTIAGO: Tiene razón, el dedo se me puso flojo.

OFELIA: ¿Lo ves? Tengo razón. Flojo, como todo lo demás que tiene.

SANTIAGO: Usted se equivoca. Yo no estoy flojo del todo.

OFELIA: A él no le funciona nada. Lo único que le queda son esos dientes podridos que usa para masticar el dinero.

MARELA: Me voy.

OFELIA: ¡Marela!

SANTIAGO: ¡Marela!

MARELA: ¡Peléense sin mí!

(Marela sale. Silencio. Ofelia y Santiago conversan sin mirarse).

SANTIAGO: He estado oyendo al nuevo lector desde aquí.

OFELIA: ¿Ah sí?

SANTIAGO: Es bueno. Tiene una voz fuerte, y me gusta la novela que está leyendo.

OFELIA: Sí, tiene una voz muy fuerte, y a mí también me gusta la novela.

SANTIAGO: Lo que a mí más me gusta es el personaje que vive en el campo.

OFELIA *(con gran regocijo)*: ¿Sí?

SANTIAGO: Sí, él.

OFELIA: ¿El dueño de la finca?

SANTIAGO: Ese mismo. ¿Cómo se llama?

OFELIA: Levin.

SANTIAGO: Ah, sí, Levin.

OFELIA: El que vive en el bosque rodeado de árboles.

SANTIAGO: Ese tal Levin me recuerda a mí cuando yo era joven y mi padre me dejaba mandar en la fábrica. Tengo la impresión de que Levin dedicó toda su vida a su finca.

OFELIA: Es un hombre entregado a su trabajo.

SANTIAGO: Yo antes era como él.

OFELIA: Sí, *eras* como él.

SANTIAGO: Me gusta esa parte de la novela cuando el hermano de Ana quiere vender el terreno al lado de la finca de Levin, y él le aconseja que no lo haga.

OFELIA: Sí, a mí también me gusta esa parte del libro. Y no puedo creer que casi le regalaste a Cheché otra parte de la fábrica.

SANTIAGO: Tienes razón, perdí la cabeza. Es que no debo tomar.

OFELIA: Nunca debes tomar. Qué locura darle otra parte del negocio. Cheché no sabe lo que hace, es como un espantapájaros. Ha estado hablando de comprar no sé cuántas máquinas para reemplazar a la mano de obra. Tienes que regresar a la fábrica, y ya.

SANTIAGO: Sí, tienes razón. Necesito regresar.

(Ofelia lo mira).

OFELIA: Santiago, ¿cuál es tu problema? No vas al trabajo, no comes, no duermes bien.

SANTIAGO: Me porté como un imbécil, Ofelia. Estoy bravo y amargado, y me avergüenzo de mí mismo. Lo peor de todo es que no puedo librarme de esta maldita angustia.

OFELIA: ¿Quieres que le avise al médico?

SANTIAGO: No, a mí no me hace falta ningún médico.

OFELIA: Pero es que no puedes seguir así. Tarde o temprano vas a tener que regresar y enfrentarte a los empleados.

SANTIAGO: Cuando consiga el dinero y me pueda enfrentar a Cheché.

OFELIA: ¿Y hasta entonces vas a quedarte aquí?

SANTIAGO: Sí.

OFELIA: Vaya, tontería.

SANTIAGO: Así soy yo.

OFELIA: Bueno, me voy a dormir.

(Ofelia empieza a salir).

SANTIAGO: Ofelia.

OFELIA: ¿Qué fue?

SANTIAGO: Quédate un poco más.

OFELIA: Estoy cansada. Tú no has trabajado como yo.

SANTIAGO: Cuéntame de la novela. Hay veces que no oigo bien desde aquí. Ese tipo, Levin . . . Yo admiro ese personaje . . . ¿Él está enamorado de la jovencita de la historia, no es verdad?

OFELIA *(en un arranque)*: ¡Ay, sí! Está enamorado de Kitty. Levin está enamorado de Kitty, y Kitty está enamorada de Wronsky. Wronsky está enamorado de Ana Karénina. Y Ana Karénina está casada, pero está enamorada de Wronsky. ¡Ay, en esa novela todo el mundo está enamorado!

SANTIAGO: Pero para Levin . . . para Levin hay una sola mujer.

OFELIA: Efectivamente. Para él sólo existe una sola mujer.

SANTIAGO *(la mira con mucho cariño)*: Ofelia.

OFELIA: ¿Sí?

(Santiago ahoga su sentir).

SANTIAGO: Nada.

OFELIA *(echándose fresco con el abanico)*: Ah, la brisa de la noche ya se nos acerca. No hay nada que se compare a esta brisa tampeña. Durante esta temporada siempre nos hace la visita a esta hora.

SANTIAGO: Mira Ofelia, cuando juego, siempre trato de repetir los mismos mecanismos . . . trato de repetir paso a paso todo lo que hago cuando gano. Y cuando pierdo, me pongo a pensar en qué fallé. Me pregunto: ¿Me habré levantado con el pie izquierdo? ¿Se me habrá olvidado limpiar los zapatos? ¿Acaso dejé la casa desordenada? ¿Me habré portado mal con alguien y por eso la suerte me da la espalda? Últimamente me he hundido en un mar de confusiones y no sé cómo salir de él.

Cada vez que pierdo tengo la sensación de que arrancan algo de mí, algo más importante que el dinero. Me imagino una línea de hormigas cargando en sus espaldas migajas de pan. Pero las migajas que se llevan son mi orgullo y mi vergüenza. Mi dignidad. *(La mira otra vez)* ¿También te he perdido a ti, Ofelia? ¿Ya te perdí?

OFELIA: Si me hubieras perdido, no estaría aquí. Si me hubieras perdido, no estaría a tu lado. ¡Cómo puedes decir que me has perdido! *(Ofelia lo abraza).*

(Música. Cambio de luces).

✤ ESCENA 5 ✤

Juan Julián, Conchita, y Marela están en la fábrica de tabacos.

JUAN JULIÁN: En realidad, no me gustan las ciudades. En el campo uno se siente libre. En la ciudad me asfixio, se me oprimen los pulmones, siento que el aire se vuelve espeso y pesado, como si los edificios respiraran y te robaran el oxígeno. Mi padre solía decir que vivir en una ciudad equivale a vivir dentro de la boca de un caimán. Los edificios te rodean como si fueran dientes. Los dientes de la cultura, la boca, y la lengua de la civilización. Es tal vez una comparación simple, pero para mí tiene sentido.

Cada vez que voy al parque recuerdo cómo siempre regresamos a la naturaleza. Construimos calles y casas, trabajamos cinco o seis días a la semana fabricando y cementando nuestros caminos, destrozando árboles y nidos, y todo un paraíso de insectos. ¿Y para qué? Los domingos regresamos al parque dónde todavía podemos encontrar el verdor de la naturaleza.

CONCHITA: Tienes razón. No sé que sería de mí sin los paseos por el parque. ¿Por qué decidiste leer la novela de Tolstói?

JUAN JULIÁN: Porque Tolstói entiende a la naturaleza humana como ningún otro escritor.

CONCHITA: Es razón más que suficiente para leerlo.

JUAN JULIÁN: Alguien me contó que al final de su vida, cuando supo que se iba a morir, abandonó su casa y lo encontraron muerto en una estación del ferrocarril. Igual que le ocurrió a . . .

Mejor que no te lo cuente.

CONCHITA: Tal vez iba en camino para ver a Dios.

JUAN JULIÁN: Eso mismo sospeché yo.

MARELA: Perdón, pero me tengo que ir. *(Se va).*

(Hay una pausa incómoda mientras Juan Julián y Conchita miran hacia donde sale Marela).

CONCHITA: ¿Cómo te volviste lector?

JUAN JULIÁN: Un verano descubrí los libros. Mi padre le debía mucho dinero a un prestamista, así que tuvimos que escondernos en la casa por un tiempo. Para mi familia era muy importante guardar las apariencias, por lo que le hicimos creer a todo el mundo que nos íbamos de viaje. Les contamos a los vecinos que mi madre estaba enferma y que la íbamos a llevar a recuperar en el campo. Estuvimos encerrados en casa por más de dos meses, mientras mi padre trabajaba en el extranjero. Recuerdo que hacía mucho calor y que no podíamos abrir las ventanas. Era insoportable. La criada era la única que salía a comprar suministros. Entonces, como estábamos tanto tiempo encerrados en casa, mi madre se puso a leerle novelas a la familia, y así fue cómo aprendí a escuchar y a apreciar la literatura y las resonancias de las palabras. *(Sonríe)* ¿Has estado en el norte del país?

CONCHITA: No, nunca he estado ahí.

JUAN JULIÁN: Siempre quise ir. Me gustaría saber cómo es la gente de por allá. Aquí he conocido a empleados que vienen de todas partes del mundo, con la excepción del norte.

CONCHITA: Cheché es de allá.

JUAN JULIÁN: A mí me parece que Cheché es de otro planeta.

CONCHITA: Una vez conocí a un muchacho de New London. Era sencillo y reservado. Y tan tímido era ese muchacho que pedía perdón cuando expresaba la menor emoción. *(Ríe)* Un día le di una trenza que yo misma me había cortado del pelo y le pedí que la enterrara debajo de un árbol. Le expliqué que en Cuba muchas mujeres se cortan el pelo una vez al año, el dos de febrero, cuando las plantas y los árboles se podan, para la fiesta de la Candelaria. Le expliqué que las mujeres le ofrecían el pelo a la tierra y a los árboles, como abono para la hierba y los frutos que iban a nacer. Así que le di una caja con mi trencita y le pedí que escogiera un árbol del parque.

Y aquel muchacho me miró raro y me dijo que se avergonzaría de abrir un hueco en pleno parque delante de la gente. Y fue entonces cuando le quité la trenza, agarré una pala, abrí yo el hueco, y le hice pasar vergüenza delante de la gente. Desde ese entonces más nunca me habló. Ese es el único muchacho del norte que he conocido hasta ahora.

(Palomo entra y los observa a cierta distancia).

JUAN JULIÁN *(riendo)*: ¿Y tú te sigues cortando el pelo los dos de febrero?

CONCHITA: Sí. Y mi padre siempre me hace el honor de enterrarlo.

JUAN JULIÁN: ¡Cómo que tu padre! ¿Y por qué no tu marido? Sería un honor para cualquier hombre . . . Si yo fuera tu marido buscaría un enorme árbol viejo, y enterraría tu pelo en sus raíces. Estoy seguro que ese árbol aceptaría la ofrenda como si fuera agua bendita.

CONCHITA: Bueno, me voy a cortar el pelo corto, como Clara Bow, y ahí se acaba la tradición para siempre.

JUAN JULIÁN: Yo me brindo a buscarte un árbol, pero el rito no se cumple si no se hace el dos de febrero.

CONCHITA: Creo que todo surge efecto si se tiene fe.

JUAN JULIÁN: ¿Me estas diciendo que busque el árbol?

CONCHITA: Si quieres.

JUAN JULIÁN: ¿Y por qué debo hacerlo yo?

CONCHITA: Porque te ofreciste, y porque eres lector de novelas de amor, y cualquiera que dedica su vida a hacer lo que haces tú, rescata las cosas del olvido.

JUAN JULIÁN: ¿Entonces hay una historia en lo de tu pelo?

CONCHITA: Llegará el día en que me lo corte, y ahí terminará la historia.

JUAN JULIÁN: ¿Y cómo se lee la historia de tu pelo?

CONCHITA: De la misma manera que se lee una carta o un libro.

JUAN JULIÁN: Entonces no deberíamos enterrarlo bajo un árbol, sino guardarlo dentro de un manuscrito, como guardaban las mujeres victorianas las flores o los mechones entre las páginas de los libros.

CONCHITA: Escoge tú el libro que quieres.

JUAN JULIÁN: ¿Qué te parece este?

CONCHITA: Mi pelo estará en muy buena compañía con Ana Karénina.

JUAN JULIÁN: Entonces cierra los ojos y escoge una página.

(Conchita cierra los ojos y escoge una página. Juan Julián lee).

Al principio, Ana creyó sinceramente estar descontenta por la forma en que él se permitía perseguirla, pero muy pronto, después de su regreso de Moscú, cuando fue a una fiesta nocturna, donde ella pensaba verlo, a la cual él no asistió, ella pudo comprender, por la tristeza que le embargaba, que se estaba engañando a sí misma.

CONCHITA: Córtamelo . . .

(Conchita le entrega las tijeras. Se suelta el pelo y le da la espalda. Juan Julián la peina con los dedos. La besa en los hombros. Conchita se vira y le devuelve el beso).

FIN DEL PRIMER ACTO.

ACTO II

❧ ESCENA 1 ❧

Oscuro. Música.
    Se oye la voz grabada del lector narrando un pasaje de «Ana Karénina» al mismo tiempo que las luces suben.

JUAN JULIÁN *(voz grabada)*:

> Ana Karénina había comenzado una nueva vida y no podía darse cuenta de la vergüenza, el espanto y la felicidad que sentía. Antes que cansar su pensamiento con palabras innecesarias y vulgares, prefirió callar. Ni siquiera más tarde supo hallar palabras apropiadas para expresar la complejidad de sus sentimientos, y hasta su propio pensamiento no reflejaba las impresiones de su alma.

(Vemos a Juan Julián y Conchita haciendo el amor en la fábrica. Conchita está recostada en una mesa, medio desnuda, con la blusa abierta. Juan Julián está entre sus piernas, descamisado y bañado en sudor. Habiendo ambos agotado las limitaciones físicas, Julián la besa con ternura).

JUAN JULIÁN: No deberíamos vernos aquí.

CONCHITA: ¿Y a dónde quieres encontrarte?

JUAN JULIÁN: En mi habitación, donde podríamos estar . . .

CONCHITA: Eso no puede ser.

(Empiezan a vestirse).

JUAN JULIÁN: Entonces podemos ir a un hotel . . .

CONCHITA: Los hoteles son fríos e impersonales. Son como los hospitales.

JUAN JULIÁN: ¿Cómo los hospitales?

CONCHITA: Sí, son la misma cosa, porque la gente va allá para buscar un remedio, ya sea una escapatoria momentánea del mundo, o la tranquilidad del alma.

JUAN JULIÁN: Entonces debemos vernos en un hospital, porque a veces, después de hacer el amor, veo árboles tristes en tus ojos.

CONCHITA: Pues estaré muy mal.

JUAN JULIÁN: Me parece que sí. Por eso te recomiendo que te compres un canario, y que te pongas a oírlo cantar todos los días por cinco minutos . . .

(La besa en el cuello).

CONCHITA: ¿Y si no encuentro un canario?

JUAN JULIÁN: Me tendrás que oír cantar a mí mientras me doy una ducha.

(Se oye a gente fuera de la fábrica).

CONCHITA: Vete, vete . . . por ahí vienen.

(Se oye a Cheché discutiendo. Juan Julián agarra su camisa y sale corriendo. Conchita se arregla la falda y el pelo, y se sienta a toda prisa en su mesa de trabajo).

CHECHÉ: ¡Aguanta . . . aguanta . . . déjame hablar! ¡Déjenme hablar, caballeros! Ese es uno de los problemas que tenemos. Yo soy uno de los dueños de esta fábrica, y ahora que tu marido . . .

(Los empleados entran y rodean a Cheché. Junto a él hay una máquina enorme envuelta en papel.
Se oye una acalorada conversación sobre la presencia de la máquina, y las quejas de los empleados).

OFELIA: No, te equivocas, *yo* soy la dueña de esta fábrica, y *yo* soy la que tengo la última palabra . . .

CHECHÉ: Pero Ofelia . . .

OFELIA: ¡Háganme el favor de subir a buscar a Santiago!

CHECHÉ: Ofelia . . . lo único que quiero que entiendas es que le está yendo bien a las otras fábricas, y que . . .

PALOMO: Pero eso no tiene nada que ver con las máquinas, Cheché.

OFELIA: ¡Ya estoy cansada de esto! ¡Él no es el dueño de la fábrica, y punto! ¡Por favor, vayan a buscar a mi marido!

(Cheché se sube a una silla y le habla a la multitud. Los empleados se ponen a discutir).

CHECHÉ: ¡Déjenme hablar! ¡Aguanta, aguanta! Quiero explicarles lo que está pasando, y ustedes no me dejan . . .

MARELA: ¡Mamá, déjalo que hable!

PALOMO: Ofelia . . . Ofelia . . . ¿por qué no quieres reconocer que le está yendo mejor a un montón de fábricas que a nosotros? Si quieres, te nombro unas cuantas: Capricho, Entreactos, Petit Bouquet, Regalía de Salón, Coquetas, Conchas Finas . . . A todas le va mejor que a nosotros . . .

OFELIA: ¡Una cosa no tiene que ver con la otra! Ellos no hacen los tabacos como los hacemos nosotros. Lo de nosotros es artesanía.

CHECHÉ: Pero si lo que estoy tratando de explicarte es que no importa cómo se hacen los tabacos.

OFELIA: Bueno, a nosotros sí nos importa.

CHECHÉ: Así nunca saldremos de la misma cosa.

OFELIA: ¿Y quién quiere salir de aquí? Conchita, ¿tú vas a algún lado?

CONCHITA: No.

OFELIA: ¿Y tú, Palomo?

PALOMO: Yo quisiera irme para las islas Canarias, para ver a mi abuela . . .

(La multitud ríe).

OFELIA: Bueno, si asi es la cosa, yo me voy para España . . .

MARELA: Y a mí me encantaría ir a Rusia . . .

(La multitud ríe. Entra Juan Julián).

CHECHÉ: Caballeros, esto no es ninguna broma. Estoy hablando del mundo moderno. De las cosas modernas. Del progreso. El adelanto.

OFELIA: Si para ser moderno se necesita trabajar con máquinas, a nosotros no nos interesa serlo.

(Los empleados aplauden).

CONCHITA: ¡Bravo!

CHECHÉ: ¿Quieres ver las cifras de ventas? ¿Quieres verlas?

OFELIA: No me hace falta. Sé lo que vendemos, y no nos va tan mal.

CHECHÉ: ¿Cómo nos va a ir bien, si el mes pasado tuvimos que despedir a dos empleadas?

MARELA: A una sola, Cheché, a una sola. La otra era tu mujer, y ella se fue por su cuenta.

(Los empleados ríen).

CHECHÉ: Lo que quiere decir es que las máquinas . . .

PALOMO: Las máquinas están acabando con los trabajos de nosotros.

MARELA: ¡Así se habla!

(La multitud se impacienta).

CHECHÉ: Me acaban de dar más acciones de esta fábrica. Yo voy a . . . *(Lo interrumpen)* Un momento. A partir de ahora voy a dejar las cosas bien claras. *(Lo interrumpen otra vez)* ¡Un momento! ¿Quieren saber cuál es el problema más grave que tiene esta fábrica? ¿Quieren saberlo? Que nos hemos quedado atrás. ¿Y por qué? Porque trabajamos de la misma manera que hace veinte, treinta, cincuenta años . . . *(Lo interrumpen una vez más)* Aguanta . . . aguanta. ¿Y por qué estamos estancados en el pasado? Porque no hemos entrado en el siglo veinte, y seguimos haciendo los tabacos de la misma forma que los hacían los indios hace siglos. Para eso deberíamos ponernos plumas y andar por ahí desnudos con huesos clavados en la nariz. Hay máquinas que hacen los tabacos a la velocidad de un cohete: máquinas que empaquetan, máquinas que pegan las etiquetas . . .

OFELIA: ¿Y con tantas máquinas quedan empleados?

CHECHÉ: ¿Cómo que no van a quedar? Los empleados hacen funcionar las máquinas. Sin empleados, no funcionan las máquinas.

PALOMO: Leonardo, el de la fábrica Aurora, dice que . . .

CHECHÉ: ¡Leonardo es lector! ¿Qué sabe él de máquinas?

PALOMO: Bueno, él no hablará de las máquinas con el entusiasmo que hablas tú, pero sí sabe hablar de cómo mantener nuestras tradiciones, el método que usamos, el proceso artesanal que utilizamos. Lo que trajimos cuando salimos de Cuba. *(Levanta las manos)* Las trajimos para hacer tabacos, así que no nos hace falta ningún aparato o como quieras llamarlo . . .

(La multitud ratifica lo que Palomo dice con sus comentarios).

CHECHÉ: Leonardo es lector, y por eso no sabe nada de las máquinas. Están expulsando a los lectores de las fábricas porque con el ruido que producen las máquinas, ya nadie los puede oír. Y quiero decirles otra cosa: no sé ustedes, pero yo no estoy dispuesto a sacar más dinero de mi bolsillo a cambio de estar oyendo a un lector leer novelas de amor.

CONCHITA: Lo que él lee es literatura, Cheché.

(Palomo mira a su esposa, y después se vira para mirar a Juan Julián).

CHECHÉ: Literatura, novelas de amor . . . Para mí es todo lo mismo . . .

MARELA: No, no es lo mismo. Aprendemos muchas cosas, y las palabras que nos lee son como una brisa que rompe la monotonía de esta fábrica.

CHECHÉ: Pues algunas de esas fábricas han despedido a . . .

JUAN JULIÁN: Señor Chéster, permítame decir algo. Mi padre contaba que la tradición de utilizar a los lectores en las fábricas comenzó con los indios taínos. Mi padre solía decir que las hojas de tabaco murmuran la voz del cielo. Por eso se comunicaban con sus dioses con el lenguaje del humo del tabaco. Evidentemente no soy indio, pero como lector me siento un pariente lejano del cacique que le traducía a su tribu los mensajes sagrados de las deidades. Los empleados son los oídores, los que tranquilamente escuchan como lo hacían los tainos con el cacique. Y esa es nada menos que la tradición que usted intenta destruir con sus máquinas. En lugar de promover el uso de las máquinas, ¿por qué no le hace publicidad a los tabacos que fabricamos? ¿O tal vez sea que usted tenga algún interés con los fabricantes de esas máquinas?

OFELIA: El lector tiene razón. Nos hace falta hacer más publicidad, y así venderíamos más tabacos.

JUAN JULIÁN: Vamos a hacerle frente a la realidad, Chéster, señores. Los tabacos ya no son tan populares. Las películas muestran a sus estrellas fumando cigarrillos: Valentino, Douglas Fairbanks . . . todos fuman pitillos, y no puros. ¿Por qué no va a Hollywood y les ofrece nuestros tabacos a los productores?

CHECHÉ: No seas tan cínico . . .

JUAN JULIÁN: En absoluto, sólo le estoy advirtiendo. Este modo de vivir tan rápido, con aparatos y máquinas que andan corriendo, afecta seriamente al consumo de los tabacos. ¿Y quiere saber cuál es el motivo, señor Chéster? Es sencillamente porque la gente prefiere fumar con rapidez, y eso sólo lo pueden hacer con los cigarrillos. Lo cierto es que las máquinas, los automóviles, nos alejan de las costumbres de pasear o de sentarnos en los parques para fumar un puro con calma y deleite, cómo deben fumarse. ¿No se da cuenta, señor Chéster, de que usted quiere la modernidad, y es la misma modernidad la que está destruyendo nuestra industria, y la simple acción de fumarse un tabaco?

(Todos los empleados aplauden, con la excepción de Cheché y Palomo).

OFELIA: ¡Muy bien!

JUAN JULIÁN: Será mejor que me vaya si lo que quieren es hacer una votación.

(Juan Julián se pone el sombrero y comienza a salir).

OFELIA: No te vayas. ¿No ves que todos te queremos aquí?

JUAN JULIÁN: Gracias, pero no. Ya que estamos en los Estados Unidos, esto se debe hacer de forma democrática. Yo me voy, y los dejo que voten. Adelante, Chéster.

(Santiago entra).

SANTIAGO: ¿Qué está pasando aquí?

OFELIA: Vaya, me alegro que llegaras. Vamos a votar.

SANTIAGO: ¿Y para qué?

OFELIA: Para ver si queremos las máquinas o no. Cheché trajo una máquina para torcer el tabaco, y vamos a votar para ver si se queda.

SANTIAGO: ¿Y los empleados la quieren?

EMPLEADOS *(al unísono)*: ¡No!

SANTIAGO: ¿Entonces para qué vamos a votar?

OFELIA: Para hacerlo al estilo americano.

SANTIAGO: ¿Y cuál es el estilo americano, si todo el mundo dice que no?

OFELIA: Habla tú con Cheché. La fábrica se le ha subido a la cabeza . . . También se quiere deshacer del lector.

CHECHÉ: Espera un momento . . .

SANTIAGO: ¿Eso es verdad, Cheché?

CHECHÉ: Les pregunté a los empleados si quieren seguir pagando por el lector. Eso es lo único que hice.

JUAN JULIÁN: Y yo estaba al punto de irme para que mis compañeros votaran con más libertad.

SANTIAGO: Usted no se va para ningún lado. Usted se queda aquí con nosotros. Me llamo Santiago, encantado de conocerlo.

JUAN JULIÁN: Juan Julián Ríos, a su disposición.

SANTIAGO *(a los empleados)*: Me han contado que muchas fábricas están despidiendo a los lectores. ¡Señores! ¿Eso es lo que ustedes quieren? Que levante la mano el que lo desee.

(Cheché y Palomo son los únicos que levantan la mano. Conchita se asombra al ver la decisión de Palomo).

Hay dos votos, así es que ya tenemos la respuesta: no vamos a despedir a Juan Julián. Y les tengo buenas noticias. Vamos a hacer un tabaco nuevo, y le vamos a poner Ana Karénina.

OFELIA: ¡Bravo!

SANTIAGO: Marela, si nos haces el honor, me gustaría que tú fueras la imagen de Ana Karénina para la etiqueta.

MARELA: ¿Yo?

SANTIAGO: Si quieres.

MARELA: ¡Por supuesto que sí!

SANTIAGO: Aquí tienes la ropa para el retrato.

(Santiago le da una caja. Marela la abre y ve que contiene un elegante abrigo de invierno con adornos de piel, y un llamativo gorro de peluche).

MARELA: Me los voy a probar. *(Marela sale).*

(Santiago se dirige a los empleados).

SANTIAGO: Mañana empezamos a planificar la nueva producción. Nos espera un gran esfuerzo, amigos, pero les prometo que lograremos grandes ganancias del fruto de nuestra labor. Me alegro haber regresado.

(Los empleados aplauden. Todos salen. Cheché lleva a Santiago a un lado).

CHECHÉ: ¿Santiago, de qué marca de tabaco nueva estás hablando? No nos alcanza el dinero para eso . . .

SANTIAGO: ¿Y qué haces tú con ese aparato que nos has metido en la fábrica?

CHECHÉ: Santiago, las ventas están bajas. Hace tiempo que no pasas por aquí . . . y el precio del tabaco que nos llega de Cuba está por las nubes . . .

SANTIAGO: ¿Pero sí nos alcanza el dinero para estar comprando máquinas, no es verdad?

CHECHÉ: Es que vamos a salir ganando . . .

SANTIAGO: Se acabó la discusión. Devuelve ese aparato a la fábrica de donde lo sacaste, y búscame un calendario.

CHECHÉ: Pero Santiago . . .

(Santiago le entrega un sobre).

SANTIAGO: Mira, Cheché, aquí está lo que te debo. Me prestaron dinero, y ahora me lo voy a apostar en la fábrica. Te dije que me fueras a buscar un calendario.

(Cheché se apura buscando un calendario. Se lo da a Santiago).

¿A qué estamos hoy?

CHECHÉ: A veintiuno.

SANTIAGO: ¿Cómo va a ser el veintiuno, si ya lo tachaste?

CHECHÉ: Así lo hago yo.

SANTIAGO: ¡Pero si ya tachaste la fecha de hoy!

CHECHÉ: Sí yo sé.

SANTIAGO: Me parece que tienes un problema bien grave, Cheché.

CHECHÉ: ¿Y qué problema es ese?

SANTIAGO: Que tachas el nuevo día antes de vivirlo.

CHECHÉ: ¿Qué más da, si aquí nada cambia?

SANTIAGO: Esa es muy mala actitud.

CHECHÉ: ¿Entonces qué quieres que haga?

SANTIAGO: Antes que nada, bota esta basura. ¿Por qué no tienes un calendario como el mío, los que se les arrancan las páginas?

CHECHÉ: ¿Y tú de verdad crees que las páginas de los calendarios pueden cambiar las vidas?

SANTIAGO: Por supuesto que sí. Algo tan sencillo como tachar tus días antes de vivirlos te puede afectar la mente. Puede que eso te produzca ansiedad, preocupación, o incluso desesperación.

CHECHÉ: Bueno, a mí me estará esperando el infierno, porque aquí todo me da lo mismo. Para mí hoy es como ayer y como anteayer.

SANTIAGO: ¿Qué diablos te pasa, Cheché?

CHECHÉ: Es esta fábrica. Trabajar aquí es como darme golpes contra la pared... Trato de cambiar las cosas, modernizarlas, pero es como enfrentarse a una pared de concreto.

SANTIAGO: ¿Estás seguro que es sólo eso, Chéster?

CHECHÉ: Bueno, sí . . . y también lo de Míldred. Desde que me dejó no he vuelto a ser el mismo. Es como si se me hubiera muerto algo. ¿Tú nunca has visto cuando a una lagartija le arrancan el rabo? Se dobla y se mueve de un lado a otro como un gusano sacado de la tierra. Se mueve por sí mismo, como un nervio que todavía tiene vida y que busca el cuerpo que le cortaron. Así a veces me siento yo. Doy vueltas y vueltas de noche en la cama.

Me despierto por las mañanas buscándola en la cocina, creyendo que está ahí preparando el café. La busco en el patio, y entonces, cuando llego al trabajo, me encuentro a ese idiota leyendo el mismo cuento, día tras día, que me hace seguir pensando en ella.

Y lo odio. ¡No aguanto más! Es como si nunca se acabara, y lo único que quiero es . . .

(*Marela entra. Lleva puesto el gorro y el abrigo. Da una vuelta, y le pasa las manos al material suave del abrigo. Está disfrutando el calor que le da*).

MARELA: ¿Qué te parece, Papá?

SANTIAGO: Vas a ser una Ana magnífica. Pero tienes que ponerte una flor en el pelo para que luzcas como una mujer criolla. Yo te la consigo, cariño. Ahorita habla-mos, Chéster. Necesitamos hablar largo y tendido.

(Santiago sale. Cheché se vira hacia Marela y se fija en lo linda que se ve. Marela da vueltas como si bailara un vals).

MARELA: Bueno, ¿crees que puedo ser la mujer de la etiqueta?

CHECHÉ: Te ves preciosa.

(Entra Juan Julián).

JUAN JULIÁN: ¿Pero quién será esta dama rusa?

MARELA: ¿Paso la prueba?

JUAN JULIÁN: Te ves hermosa. Tu padre tenía razón cuando te escogió. Estás perfecta para el retrato. Estoy bus-cando el libro. Creo que lo dejé por aquí.

MARELA: No lo he visto.

JUAN JULIÁN *(buscando)*: No, no está aquí. Lo habré dejado afuera. *(Sale).*

(Marela se quita el abrigo y el gorro. Luego saca una caja y empieza a colocar recortes de revistas en su mesa de trabajo).

CHECHÉ: ¿Te vas a quedar hasta tarde?

MARELA: Sí.

CHECHÉ: Yo tengo que repasar las cuentas. ¿Y tú?

MARELA: Estoy decorando mi mesa con los retratos que más me gustan: de las estrellas de cine, y este, de una calle en Moscú, para poder ver a los personajes de la novela paseándose.

CHECHÉ: De verdad que te has vuelto loca con ese libro.

MARELA: Pues parece que sí.

CHECHÉ: ¿Pero estás loca con el libro o con el lector?

MARELA: A ti no te importa.

CHECHÉ: A mí sí me importa. Yo te he estado mirando mientras estás trabajando.

MARELA: ¿Y por qué motivo?

CHECHÉ: Porque debes estar prestándole menos atención al lector y más al trabajo.

MARELA: Ya sé, lo que estás buscando es cualquier pretexto para despedir al lector. Seguro también que le vas a decir a mi padre que el lector está entreteniendo demasiado a los empleados.

CHECHÉ: Eso es precisamente lo que hace. Y te distrae, sobre todo, a ti. Algunos de los tabacos que hiciste hoy están mal hechos, y se te va a aplicar el mismo castigo que a todos los demás.

MARELA: Ya veo. El lector y «Ana Karénina» te están provocando.

CHECHÉ: Yo no permito que ningún lector me afecte tanto.

MARELA: Sí, ¿cómo no? Seguro que te acuerdas de tu mujer cada vez que el lector lee una página.

CHECHÉ: Para mí mi mujer está muerta.

MARELA *(con ironía)*: Sí, cómo no. Pero la sigues viendo por dondequiera.

CHECHÉ: ¿Quieres ver cuántos tabacos has echado a perder?

MARELA: Enséñamelos. Estoy orgullosa de mi trabajo. Yo soy una de las mejores y más rápidas que hay aquí.

(Cheché saca una bolsa llena de tabacos).

CHECHÉ: Pero la velocidad no es siempre lo mejor, Marela.

MARELA: ¿Qué tienen de malo?

CHECHÉ: Toma. Toca. Están huecos, blandos.

MARELA: Bueno, gracias. ¿Algo más? ¿Ya puedo pegar mis recortes . . . ?

CHECHÉ: Sí, hay algo más . . .

MARELA: ¿Qué es, Chéster?

CHECHÉ: A veces estás tan distraída con ese cuento ruso que no te das cuenta de lo que estás haciendo.

MARELA: ¿Y qué es lo que estoy haciendo, Cheché?

CHECHÉ: A veces te traes los tabacos a la boca, y los picas con los dientes en vez de usar la navaja.

MARELA: ¿Y tú me has visto hacer eso?

CHECHÉ: Sí, te he visto hacer eso y muchas cosas más.

MARELA: ¿De veras?

CHECHÉ: Sí. Cuando te distraes, te desvías, y te vas para tu Rusia imaginaria. Te olvidas de la goma y le pasas la lengua a la última hoja de tabaco como si estuvieras sellando una carta de amor que le estás mandando a un amante, o como si te estuvieras divirtiendo con el bigote de un ruso. ¿Y eso no será la raíz del problema, Marelita? Estás soñando con un hombre, y no te das cuenta que en lugar de estar pegando los tabacos con la goma, les está pasando la lengua.

MARELA (*riendo*): Ay, Chéster, por favor . . .

CHECHÉ: ¿Te has olvidado que estás trabajando en una tabaquería pequeñita, dónde hace un calor muy fuerte en el verano, y por eso tenemos que mojar las hojas de tabaco, porque se resecan y necesitan humedad, como la humedad de tu lengua?

MARELA: No me mires así, Chéster.

CHECHÉ (*acariciándole el pelo*): ¿Y cómo quieres que te mire?

MARELA: No me toques.

(*Marela se aleja, y Cheché la sigue*).

CHECHÉ: ¿Por qué?

MARELA: Porque no me gusta.

CHECHÉ: Pero a mí, sí. Y tienes razón, cada vez que oigo ese cuento veo a mi mujer . . .

(Cheché se le acerca a Marela).

MARELA: ¡Aléjate!

(Cheché intenta besar a Marela, y ella lucha por quitárselo de encima).

CHECHÉ: Marela, por favor . . . Déjame . . . Es que tú no entiendes que . . .

MARELA: ¡Aléjate de mí! ¡Aléjate de mí!

(Marela le da un empujón).

¡Más nunca te atrevas a tocarme!

(Marela sale. Música. Cambio de luces).

❦   **ESCENA 2**   ❧

La luz se enfoca en Juan Julián sentado en una silla, aislado de la acción. Se le oye leer un pasaje de «Ana Karénina».

JUAN JULIÁN:

El marido de Ana Karénina no encontraba nada de particular que su mujer sostuviera con Wronsky esas animadas conversaciones, y que se sentara en una mesa separada, y que tuviera con él una animada conversación. Pero sí se dio cuenta de que muchas personas que estaban sentadas en el salón vieron aquella actitud con extrañeza, así que a él también le pareció impropio. Resolvió, por lo tanto, llamarle la atención a Ana.

(Conchita entra y se dirige a su mesa de trabajo. Se pone a trabajar con los tabacos. Palomo entra. Se ve muy triste).

PALOMO: ¿A qué hora te ves con tu amante?

CONCHITA: A la hora que quedamos.

PALOMO: ¿Y cuándo es eso?

CONCHITA: Siempre cambia como las fases de la luna.

PALOMO: ¿Y aparte de este lugar, dónde más se encuentran ustedes?

CONCHITA: Yo no puedo hablar contigo de esas cosas.

PALOMO: ¿Y por qué no?

CONCHITA: Porque así es.

PALOMO: ¿Y él te lee novelas?

CONCHITA: A veces. Cuando dice que me veo triste.

PALOMO: ¿Te pones triste?

CONCHITA: No es que esté triste. Es que a veces siento miedo.

PALOMO: ¿Miedo de qué?

CONCHITA: De algo que nunca he sentido ni hecho en mi vida.

PALOMO: ¿Pero eso no es precisamente lo que querías?

CONCHITA: Sí lo es. Pero a veces me arrepiento.

PALOMO: ¿Y qué te dice él cuando le cuentas estas cosas?

CONCHITA: Que tengo que acostumbrarme a él. A su cuerpo. Que tenemos que hacer el amor otra vez.

PALOMO: ¿Y qué más te dice?

CONCHITA: Lo que a toda mujer le gusta oír.

PALOMO: ¿Cómo qué?

CONCHITA: Que yo tengo un sabor dulce y misterio, como el agua que se esconde dentro de las frutas, y que nuestro amor será blanco y puro como las flores del tabaco. Y que aumentará por la noche, de la misma manera que el tabaco crece de noche.

PALOMO: ¿Y qué más te cuenta?

CONCHITA: Cosas muy personales.

PALOMO: ¿Por ejemplo?

CONCHITA: Cosas obscenas.

PALOMO: ¿Y te gustan?

CONCHITA: Él sabe cómo y cuándo decírmelas.

PALOMO: ¿Y cuándo sabe él decírtelas?

CONCHITA: Cuando los dos estamos tan metidos el uno dentro del otro que nos podríamos entregar a la muerte. Cuando golpea con tanta fuerza dentro de mí que pudiera matarme, como si me reviviera en ese lugar donde me estoy ahogando, en ese lugar profundo adonde me lleva.

PALOMO: Ya entiendo.

CONCHITA: ¿Y Palomo, por qué tanta curiosidad?

PALOMO: Pues no sé . . . Porque . . . te ves diferente. Te ves cambiada.

CONCHITA: Esas cosas suceden cuando los amantes hacen lo que deben hacer.

PALOMO: ¿Y le has contado de mí?

CONCHITA: Sí. Él quería saber por qué habías dejado de amarme.

PALOMO: ¿Y qué le dijiste?

CONCHITA: Que eso pasó de pronto un día, como todo en la vida.

PALOMO: ¿Y qué te dijo?

CONCHITA: Él quería saber lo que yo sentía, y le dije la verdad. Le dije que te deseaba y que te amaba igual que antes.

PALOMO: ¿Y eso le pareció bien?

CONCHITA: Me dijo que le enseñara a él cómo te quería yo a ti. Que se lo demostrara en su cuerpo.

PALOMO: ¿Y qué hiciste?

CONCHITA: Fue horrible.

PALOMO: ¿Horrible, por qué?

CONCHITA: Creí que sería imposible, que nadie podría ocupar ese espacio en mí. Pero él sí pudo. Lo hizo. Sí. Y todo me resultó muy conocido, como si siempre hubiera estado conmigo. Su cuarto se volvió un teatro, y su cama un escenario, y nosotros los actores. Entonces le pedí que interpretara mi papel, que él se volviera yo. Y él hizo tal como le pedí. Fue como si estuviera haciendo el amor conmigo misma, porque él sí sabía qué hacer, adónde ir y adónde llevarme.

PALOMO: Enséñame.

CONCHITA: ¿Qué?

PALOMO: Enséñame . . . Enséñame qué te hizo y cómo lo hizo.

CONCHITA: Tienes que hacer lo que hacen los actores.

PALOMO: ¿Y qué hacen?

CONCHITA: Los actores se entregan. Dejan de interpretarse a sí mismos y se rinden. Tendrías que salir de ti y entrar en la vida de otra persona que en este caso sería yo.

PALOMO: Entonces, enséñame cómo hacerlo.

CONCHITA: ¿Aquí en la fábrica?

PALOMO: Sí, allá atrás, dónde te encuentras tú con él.

(Suena una música suave. Conchita le pasa la mano por el cuello y los hombros a Palomo. Él la saca de la fábrica. Cambio de luces. Juan Julián cierra el libro).

❦ ESCENA 3 ❧

Suena un danzón. Es el lanzamiento de la nueva marca de tabacos. Hay una gran fiesta. Los empleados entran vestidos con sus mejores galas. Santiago y Ofelia entran con dos vasos y dos botellas de ron en las manos.

OFELIA: Santiago, ¿trajiste suficiente ron para todo el mundo?

SANTIAGO: ¿Si traje suficiente? Juan Julián, dile tú cuánto traje.

JUAN JULIÁN: Cómo para emborrachar a un elefante.

OFELIA: Entonces dame dos deditos en un vaso antes de que lleguen los demás, para ver si me calmo un poco.

SANTIAGO: ¿Y por qué estás tan nerviosa?

OFELIA: Porque tengo corazón de delfín, y cuando me emociono, me quiere salir nadando del pecho.

(Santiago le da a Ofelia un vaso de ron).

SANTIAGO: ¿Por qué no brindamos los tres solos antes que lleguen lo demás?

(Santiago sirve los tres vasos de ron).

Este año no nos fue tan mal. El mes pasado cayeron las ventas, pero todavía nos mantenemos a flote.

OFELIA: Vas a ver, Santiago, que nos va a ir muy bien. La gente lo que necesita es soplar humo y desahogarse.

SANTIAGO *(brindado)*: Eso sí es cierto. ¡Salud!

OFELIA: ¡Salud!

JUAN JULIÁN: ¡Salud!

OFELIA: Vamos a sacar los farolitos.

(Salen los tres. Cheché y Palomo, muy bien vestidos, entran con palmas para decorar la fábrica. Están conversando animadamente).

PALOMO: A veces me pongo a pensar si . . . si seguirán juntos, si todavía se ven. Lo presiento. O tal vez sean cosas mías, algo que tengo metido en la cabeza. Por la noche no duermo, me quedo en la cama pensando en ellos, imaginándome cómo será cuando están juntos. Todavía lo huelo en la piel de ella, en su ropa, en su pañuelo. Lo veo en su cara y en sus ojos, y no sé que hacer . . .

CHECHÉ: Debes irte para el norte y empezar una nueva vida allá. Llévatela de aquí. Eso es lo que yo quería hacer con Míldred. Hubiéramos podido trabajar en una fábrica de tabaco allá. Hay muchas en el norte, y no tienen lectores, ni historias de amor que sólo sirven para meterles ideas raras a las mujeres y picazón debajo del refajo . . .

(Juan Julián entra con una guirnalda de farolitos chinos).

JUAN JULIÁN: ¿Me pueden dar una mano?

PALOMO: Por cierto, estábamos hablando de las historias de amor.

JUAN JULIÁN: Ya veo que no te importan mucho. Por culpa tuya, el otro día casi pierdo mi trabajo.

PALOMO: Pero estoy curioso por saber cómo acaba la historia.

CHECHÉ: ¡Y yo también! ¿El marido nunca pensó en matar al amante de su mujer? *(Ríe)* Ya hace tiempo que yo hubiera matado a ese cabrón.

JUAN JULIÁN: El marido seguro que hubiera preferido un duelo en lugar de matar al amante a sangre fría.

CHECHÉ: Yo hace tiempo que le hubiera pegado un tiro a ese hijo de puta.

JUAN JULIÁN: Pero en esa época las cosas no se resolvían así.

CHECHÉ: Entonces el marido es un cobarde y un canalla.

PALOMO: Pues a mí el marido no me parece nada cobarde. Es muy posible que sea más listo que nosotros tres. ¿Tú no crees, Juan Julián?

JUAN JULIÁN: Bueno, el marido se comporta según su posición social. Es un hombre potentado. Tiene uno de los puestos más importantes del ministerio. Y estamos hablando de la sociedad de San Petersburgo, dónde todo el mundo se conoce, y por lo tanto, no quiere que la infidelidad de Ana se convierta en un escándalo.

CHECHÉ: Para mí el marido es maricón.

PALOMO: ¿Y con cuál personaje de la novela te identificas tú?

JUAN JULIÁN: Con todos. Aprendo de todos ellos.

PALOMO: ¿Y que has aprendido del amante de Ana?

JUAN JULIÁN: Pues, no sé . . . Yo . . .

PALOMO: Me interesa saber cómo empezó a interesarse en ella.

(Juan Julián sabe a donde quiere llegar Palomo).

JUAN JULIÁN: Bueno, la novela lo dice bien claro.

PALOMO: ¿Pero cuál es tu opinión personal?

JUAN JULIÁN: Ella recurrió a él porque pensaba que él la podía ayudar.

PALOMO: ¿Y cómo?

JUAN JULIÁN: Que la podía ayudar a querer otra vez. Que la podía ayudar a reconocerse otra vez como una mujer. Seguro que sólo había conocido a un solo hombre, su marido. Con el amante aprendió otra forma de amar. Y es esa nueva forma de amar lo que la hace regresar a su amante una y otra vez. Pero eso sólo es mi interpretación personal.

(Entran Santiago y Ofelia).

SANTIAGO: ¡Qué bien . . . ya estamos todos juntos! Hoy nos vamos a pasar el día de fiesta. Vamos a tomarnos otro vaso de ron.

OFELIA: Acuérdate que tienes que dar un discurso.

SANTIAGO *(alzando la botella)*: Esto me inspira.

OFELIA: Al paso que vamos, todos vamos a estar borrachos antes que empiece la fiesta.

SANTIAGO *(ríe)*: ¡Diviértanse!¡ Hoy yo soy el hombre más feliz en la faz de la tierra!

(Conchita entra. Lleva puesto un vestido de chifón con dibujos pequeños).

CONCHITA: ¿Ya están tomando sin mí?

SANTIAGO: ¡Claro que no! Ven y tómate un vasito de ron con nosotros. ¿Dónde está tu hermana? Hija mía, te ves preciosa con ese vestido. Nunca te lo había visto antes.

CONCHITA: Papá, lo estrené hace un mes. Nos invitaron a una fiesta. Me acuerdo como si fuera ayer. *(Mira a su madre)* A Mamá no le gustan estos dibujos.

OFELIA: En absoluto, corazón.

CONCHITA: Cuando me lo estrené me dijiste que parecía una vieja.

OFELIA: Te voy a ser franca. A mi no me pareció gran cosa cuando te lo mandaste a hacer. Pero ahora que te cortaste el pelo y has cambiado tanto, de verdad que te sienta muy bien.

PALOMO: Estás muy linda, cariño.

OFELIA: A mí me gusta el diseño.

CONCHITA: A mí me recuerdan a los gitanos y bohemios.

PALOMO: Lo curioso es que te ves muy bohemia.

JUAN JULIÁN: Eso sí es cierto. El dibujo ese tiene un aura de ensueño, como si surgiera de un mundo que flota por el aire.

(Palomo mira a Juan Julián. Juan Julián levanta su vaso. Palomo se acerca a Conchita y la abraza).

Caballeros, tengo una pregunta. Como persona que viene de otro lugar, como extranjero que soy en este país, hay algo que quiero que me expliquen. ¿Por qué los americanos prohíben algo tan maravilloso como el whisky y el ron?

SANTIAGO: Porque los americanos se vuelven socialistas cuando toman.

(La multitud ríe).

PALOMO: Yo tengo otra respuesta a tu pregunta. El alcohol está prohibido en este país porque es como la literatura. La literatura saca a relucir lo mejor y lo peor de la persona. Si estás disgustado, pone de manifiesto la rabia que sientes. Si estás triste, resalta la tristeza. Y algunos no estamos . . . digamos, muy felices.

(Ofelia, que está un poco tomada, le da un golpecito a su vaso para echar un discurso).

OFELIA *(dando un paso)*: Ah, pero el ron te hace dar los mejores pasos si sabes bailar bien. Si eres patón, mejor que no bailes. Así que enfrentemos la realidad, caballeros, los americanos son muy buenos para hacer películas, radios y automóviles, pero en cuanto se trata del baile, es mejor que no . . . con la excepción de los negros, por supuesto, porque ellos sí que saben echar un paso. Por eso se prohíben las bebidas alcohólicas en este país, porque los americanos no saben bailar.
   (Le agarra la mano a Santiago) Vamos, tengo ganas de bailar.

SANTIAGO: No, todavía no puedo. Tengo que darles una noticia. ¿Dónde está Marela?

OFELIA: Seguro que se está poniendo su disfraz.

SANTIAGO: Bueno . . . damas y caballeros, hoy le hemos robado tiempo al trabajo para beber y bailar, y celebrar el bautizo de nuestra nueva marca de tabacos que vamos a lanzar al mercado. *(Saca un tabaco del bolsillo de la camisa)* Este tabaco es una obra de artesanía hecha con las hojas más finas de Vuelta Abajo, en Pinar del Río, lo mejor de la vega cubana. Mide seis pulgadas y una octava de largo y dos y media de diámetro. No cabe duda que este sea el mejor toro que hemos producido. ¿Qué le pasa a Marela? Debería estar aquí.

(Marela entra con un elegante vestido negro. Se parece a Ana en la noche del baile).

MARELA: Aquí estoy, Papá.

SANTIAGO: Déjame verte, cielito lindo.

OFELIA: Mi niña, estás preciosa.

SANTIAGO: Llegaste en el momento perfecto . . . En este momento iba a decir que como a la mayoría de los tabacos le ponen nombres de mujeres o de románticas historias de amor, ¡hoy bautizamos a nuestro nuevo tabaco con el nombre de Ana Karénina! Cada tabaco se venderá a diez centavos y esperemos que esta nueva marca nos traiga fortuna y prosperidad. Y ahora quiero pedirle a mi querida Ofelia que nos conceda el honor de oficialmente encender el primer Ana Karénina.

(Aplausos de la multitud. Le pasan el tabaco a Ofelia. Santiago lo enciende con un fósforo. Ofelia da una fumada y exhala un anillo de humo).

¿Qué te parece?

OFELIA: Está . . . está . . . ¡Ah! ¡Es un puro ensueño!

(La multitud aplaude).

PALOMO: ¡Bravo! ¡Bravo!

(Ofelia le pasa el tabaco a Santiago, y él se lo pasa a Marela).

SANTIAGO: ¿Qué opina la niña de la familia, nuestra Ana?

(Marela da una fumada. Tose un poco y ríe. Se lo pasa a otra persona, y ésta se lo pasa a Santiago).

MARELA: ¡Ah! Está divino.

(Santiago da una fumada).

SANTIAGO: ¡Ah! Es glorioso. Perfecto.

(La multitud aplaude).

¿Chéster?

(Santiago le pasa el tabaco a otra persona, y ésta se lo pasa a Cheché. Él le da una fumada).

CHECHÉ: Quema muy bien. Tiene un olor agradable. Detecto un punto de cereza. Me parece que es nuestro caballo más fino.

(La multitud aplaude. Le pasan el tabaco a Palomo, y él se lo pasa a Conchita. Ella le da una fumada).

CONCHITA: ¡Ah! Me habla de bosques y orquídeas.

(Aplausos de la multitud. Conchita le pasa el tabaco a Marela. Marela se lo pasa a Palomo. Él le da una fumada).

PALOMO: ¡Ah! ¡Magnífico! Definitivamente sabe a un ron añejo. Es tan dulce como los mangos.

(Palomo se lo pasa a Santiago).

SANTIAGO: Te olvidaste de Juan Julián.
PALOMO: Ah, por supuesto, no debemos olvidarnos de nuestro lector, el que nos trajo el mundo de «Ana Karénina».

(Santiago le devuelve el tabaco a Palomo. Palomo se quita el sombrero y le da el tabaco a Juan Julián, lo cual es una falta de respeto, ya que nunca se le debe dar el tabaco directamente a la persona que se supone que lo va a probar. Debe haber un mediador que facilite la comunicación con los dioses.

Juan Julián sonríe, huele el tabaco, mira al cielo, y les hace un gesto a los dioses).

JUAN JULIÁN: Tiene un olor dulce. *(Lo fuma otra vez)* Suspira como una puesta de sol, y tiene toques de cacao y cedro. ¡Creo que tenemos un gran tabaco, señores!

SANTIAGO: ¡Aquí sí tenemos un tabaco de verdad, señores! ¡Un campeón!

OFELIA *(un poco tomada)*: ¡Pues claro que tenemos un campeón!

MARELA: Papá, ¿por qué no salimos a la calle y le dejamos saber a todo el mundo que tenemos un tabaco nuevo? Debemos repartírselo a toda la gente.

SANTIAGO: ¡Y terminar en la bancarrota, niña mía! ¡Ni hablar! ¡Mejor me parece que nos pongamos a disparar unos tiros!

OFELIA: ¡A disparar tiros! Santiago, estás borracho. No tomes más.

SANTIAGO: No hay lanzamiento que concluya sin romper una botella o disparar tiros.

MARELA: ¡Entonces yo propongo que disparemos dos tiros!

SANTIAGO: No puede ser. Tienen que ser tres.

MARELA: ¡Pues yo disparo el tercero!

(Risas).

SANTIAGO: Bueno, ¡vamos a disparar unos tiros!

OFELIA: ¡Apunta bien alto, pero ten cuidado de no dispararle a la luna!

(Todos ríen. Los empleados se llevan la fiesta para fuera. Conchita está al punto de salir cuando Palomo la agarra por el brazo).

PALOMO: ¿Adónde vas?

CONCHITA: Afuera.

PALOMO: No le has quitado el ojo en toda la noche. Te estás enamorando de ese hombre.

CONCHITA: Tal vez tanto cómo tú de él.

PALOMO: A mí no me gustan los hombres.

(Suena un disparo festivo. Risas).

CONCHITA: ¿Entonces por qué quieres que te cuente lo que hago con él?

PALOMO: Porque forma parte de nuestra vieja costumbre de oír a los demás. Nosotros somos oyentes.

CONCHITA: No, hay algo más.

PALOMO: Tienes razón. Hay algo más, y a veces es algo terrible.

CONCHITA: Ya yo no te entiendo.

(Suena otro disparo. Más risas).

PALOMO *(agarrándole el brazo a Conchita)*: Vete ahora mismo, y dile que quieres hacer el amor como un cuchillo.

CONCHITA: ¿Y por qué como un cuchillo?

PALOMO: Porque hay que matarlo todo.

(Suena otro disparo. Más risas. Ofelia, Santiago, Marela, y Juan Julián regresan).

OFELIA: Señores, debo confesarles algo. Cuando tenía diecisiete años, y eso fue ayer mismo, me escogieron a mí para la imagen de un tabaco que se llamaba Aida, como la ópera. Y naturalmente, mi madre se escandalizó con sólo pensar que mi cara apareciera en una etiqueta de tabaco y en manos y labios de tantos hombres. Como ustedes saben, nosotros no teníamos nada que ver con los tabacos, ya que mi familia estaba en el negocio de la guayaba. Así que cuando mi madre me prohibió posar para la etiqueta, le dije que quería ver mi imagen en un pomo de mermelada de guayaba. Por lo menos me merecía eso. Bueno, el caso es que me hicieron vestir un traje rojo con un clavel del mismo color en la oreja. Me veía divina, sentada en una hamaca al lado de una cotorra . . .

(Todos ríen).

SANTIAGO: Vámonos, cariño. Ya fumamos, disparamos unos tiros, y tú has tomado demasiado.

OFELIA: ¡Ah sí! Lo que tú quieres es abusar de mí porque estoy borracha.

MARELA *(turbada)*: ¡Mamá!

(Santiago ríe. Toma a Ofelia de la mano, e inician el mutis).

SANTIAGO: ¡Buenas noches!

MARELA: ¡Buenas noches!

OFELIA: Marela, ¿no vienes?

MARELA: Ya voy.

OFELIA: No te demores mucho. *(Santiago y Ofelia salen).*

PALOMO *(agarrándole la mano a Conchita)*: Vámonos para casa. *(Dirigiéndose a los demás)* Nos vemos mañana.

JUAN JULIÁN: ¡Hasta mañana!

CONCHITA: ¡Hasta mañana!

(Mutis de Conchita y Palomo. Marela y Juan Julián se quedan solos).

MARELA: Ay, no quiero que esta noche se acabe. Me quedaría despierta toda la noche. No quiero dormir. Dormimos demasiado. Nos pasamos más de una tercera parte de la vida durmiendo y durmiendo. Cae la oscuridad y para nosotros todo es un misterio. No sabemos si en realidad los árboles caminan por la noche, como nos cuentan en las leyendas. No sabemos si de verdad las estatuas y los espíritus bailan en las plazas sin que nos enteremos. ¿Y cómo nos vamos a enterar, si lo único que hacemos es dormir? Dormir y dormir . . .

JUAN JULIÁN: Yo quisiera tomar lo mismo que tú has estado tomando. ¿Qué tomaste?

MARELA: Nada, no he tomado nada. Es que me siento feliz. Papá se veía tan contento. Me gusta verlo así. Y Mamá estaba tan alegre. *(Ríe)* Ella sí que tomó demasiado.

JUAN JULIÁN: De vez en cuando es bueno tomar.

(Cheché entra. Se queda observando a cierta distancia).

MARELA: Tienes razón. Nos merecemos un vaso de ron porque trabajamos demasiado. Nos merecemos todo lo que ofrece la vida y la vida está formada de momentos pequeños, tan pequeños como los pétalos de las violetas. Pequeños momentos que se pueden guardar en un vasito para siempre, como ahora que estoy hablando contigo.

JUAN JULIÁN *(en broma)*: ¡Ah, así que eres coleccionista! Y aparte de noches como esta, ¿qué te gusta coleccionar?

MARELA: La primera vez que nos leíste, y el día en que me acompañaste a la farmacia.

JUAN JULIÁN: ¿Así que me tienes guardado en uno de tus vasitos?

MARELA: Te tengo guardado en muchos de ellos.

JUAN JULIÁN *(sonriendo. Pausa. La mira con ternura)*: Eres clara y fresca como el agua. ¿Nunca te lo han dicho?

MARELA: No, nunca.

JUAN JULIÁN: Entonces la gente está ciega.

MARELA: ¿Ciega? ¿Tú de verdad crees eso? ¿Y cómo se le enseña a un ciego a ver?

JUAN JULIÁN: No sé cómo. Yo no soy ciego.

MARELA: Pero todos somos ciegos en los ojos de aquellos que no pueden ver.

JUAN JULIÁN: Tienes razón.

MARELA: Deberíamos aprender a usar los ojos en la oscuridad. Deberíamos aprender a ver las palabras y los sonidos a través de las manos. *(Le acaricia la mano)*.

JUAN JULIÁN: Estoy seguro de que cualquier ciego es capaz de ver tu belleza en cuanto te acaricien la cara. *(Le acaricia el rostro con ternura)*.

Me debo ir ya. Que duermas bien.

MARELA: Hasta luego.

JUAN JULIÁN: Hasta luego.

(Juan Julián está a punto de salir).

MARELA: ¡Juan Julián . . . !

JUAN JULIÁN: ¿Sí?

MARELA: Préstame el libro.

JUAN JULIÁN (*sin darse cuenta que tenía el libro en la mano*): ¿Qué libro?

MARELA: El que tienes en la mano.

JUAN JULIÁN: ¡Ah, sí!

MARELA: Te prometo no avanzar en la lectura.

JUAN JULIÁN: Devuélvemelo mañana temprano o no tendré qué leer.

MARELA: ¡Qué sueñes con los ángeles!

JUAN JULIÁN (*dándole un beso en el rostro*): Y tú también.

(*Marela se le queda mirando de lejos a Juan Julián mientras sale. Se lleva el libro al pecho, y luego lo abre, como si buscara el consuelo que se busca en la soledad de la noche*).

MARELA:

Ana se preparó para el viaje con prontitud y alegría. Con sus pequeñas manos hábiles, sacó de su bolsa roja un edredón que puso sobre sus rodillas antes de cerrarla.

(*Cheché sale de las sombras. Saca un pañuelo del bolsillo y se seca el sudor de la cara. Mira a Marela con una expresión llena de deseos carnales. Marela nota que la está mirando. Cierra el libro. Cheché la agarra por el brazo. Apagón*).

❧ ESCENA 4 ❧

Palomo entra en la fábrica con dos cajas pesadas. Conchita está recogiendo el desorden que quedó de la noche anterior.

PALOMO: ¿Dónde está Cheché?

CONCHITA: Todavía no ha llegado.

PALOMO: Bueno espero que alguien se aparezca rápido con las llaves de la caja fuerte. El muchacho que trajo estas cajas está esperando allá afuera y hay que pagarle.

CONCHITA: Entonces voy a casa para pedirle las llaves a Mamá.

PALOMO: No, quédate aquí. Tienes que ayudarme a hacer el inventario de todas estas cajas. *(Le pasa unos papeles a Conchita).*

CONCHITA: Tan pronto acabe de limpiar. ¿Qué le habrá pasado a Papá?

PALOMO: Seguirá en la cama, ya que tomó más de . . .

CONCHITA: Tienes razón. Seguro que Mamá le está poniendo compresas frías en la frente. Siempre le pasa lo mismo.

(Santiago y Ofelia entran. Santiago está tratando de aliviarse la resaca frotándose la frente).

OFELIA: Buenas.

CONCHITA: Buenas.

PALOMO: Santiago, dame la llave de la caja. Tengo que pagar esta entrega.

SANTIAGO: Las tiene Ofelia.

OFELIA: Las acabo de dejar en la mesa de la oficina.

(Palomo sale. Ofelia se sienta y se pone a trabajar).

SANTIAGO: ¿Dónde está Cheché?

CONCHITA: Todavía no ha llegado.

SANTIAGO: No lo culpo. Yo también me hubiera quedado durmiendo, pero tu madre es como un gallo. En cuanto se levanta de la cama, nadie . . .

OFELIA: Yo no te desperté.

SANTIAGO: Yo no he dicho que me despertaste. Pero esas chancletas que usas en casa . . . hacen más ruido que un tren. *(Hace el sonido)* Chu-chu . . . por toda la casa . . . un día te las voy a botar por la ventana.

OFELIA: Atrévete y le doy los zapatos que te pones los domingos al barrendero.

SANTIAGO: ¿Lo ves? Ahora me duele más la cabeza. ¡Cómo le gusta torturarme esa mujer! ¡Ay! ¡Ay!

CONCHITA: ¿Quieres las sales que tengo aquí, Papá?

SANTIAGO: Dame lo que sea, hija mía. Tu madre ya no me cuida.

(Conchita le da el frasquito de sales. Santiago las huele.
Marela entra con el abrigo largo. Va para su mesa y se pone a trabajar).

MARELA: Buenas.

CONCHITA: ¿Por qué tienes puesto ese abrigo? ¿No te da calor . . . ?

MARELA: No. Algunos abrigos guardan el invierno por dentro. Te los pones y encuentras bolsillos llenos de diciembres, eneros y febreros, de todos esos meses que cubren la tierra con nieve y hace que todo se detenga. Así es como quiero estar, bien tapada y quieta.

OFELIA: Niña mía, ¿te sientes bien?

MARELA: Muy bien, Mamá. No te preocupes por mí.

(Entra Juan Julián).

JUAN JULIÁN: ¡Buenos días!

TODOS: ¡Buenos días!

MARELA: Toma, tu libro. *(Le entrega el libro a Juan Julián).*

(Juan Julián se percata del abrigo de Mariela, y de que ésta parece estar consternada).

JUAN JULIÁN: Gracias.

(Palomo regresa).

PALOMO: ¿Ya llegó Cheché?

CONCHITA: Todavía. Se habrá quedado dormido. Siéntate. Juan Julián nos va a leer.

JUAN JULIÁN: Hoy voy a empezar con la tercera parte, capítulo trece, de «Ana Karénina».

> En su juventud, y a causa de su temperamento miedoso, al marido de Ana Karénina le preocupaba con frecuencia la idea del duelo. Nada le parecía tan terrible como una pistola apuntándole, y jamás en su vida hizo uso de arma alguna. Este horror instintivo le inspiró muchas reflexiones; trató de acostumbrarse a la posible eventualidad de que se le impusiera la obligación de arriesgarse la vida . . .

(Cheché entra sin que nadie se percate de su llegada. Tiene la cabeza recargada con ideas oscuras).

Esa vieja y arraigada preocupación se le reafirmaba. «¿Y qué si desafío a ese hombre? ¿Y qué si alguien me enseña cómo hacerlo», seguía y seguía especulando . . .

(Cheché saca una pistola).

Nos colocan en nuestros puestos, aprieto el gatillo, se dijo a sí mismo, y resulta que lo mato. Sacudió la cabeza para desechar este pensamiento absurdo. ¿Qué lógica puede haber en matar a un hombre para restablecer la armonía con una mujer . . .

(Cheché le dispara a Juan Julián, y después le dispara otra vez. El eco del disparo se amplía más y más hasta que Juan Julián cae al piso.

Los empleados se asustan. Algunos miran a ver de dónde vienen los disparos. El sonido del disparo sigue retumbando, mientras Marela le extiende la mano al moribundo lector.

Las luces se van apagando).

❧ **ESCENA 5** ❧

Han pasado tres días. Los empleados están haciendo los tabacos y organizando las hojas de tabaco según su tamaño y forma. Marela sigue con el abrigo puesto.

OFELIA: ¡Qué silencio! Nunca supe que el silencio pudiera pesar tanto. ¿Nadie tiene nada que decir? ¿Nadie nos puede leer algo? ¡Nosotros somos oídores! ¡Somos oyentes! No me puedo acostumbrar a este silencio que nos rodea. Es como si nos hubiera caído encima una manta de metal.

PALOMO: Es el mismo silencio que oímos cuando murió el lector anterior.

OFELIA: No, este silencio es más fuerte. Suena más alto. Mucho más alto.

SANTIAGO: Es porque Juan Julián murió antes de tiempo, y las sombras de los jóvenes pesan más y se colocan sobre la tierra como una nube.

MARELA: Debo escribir su nombre en un papel y meterlo en un vaso de agua con azúcar para que así su espíritu sepa que está bienvenido en esta fábrica y que puede entrar y tomar agua dulce. ¡Y que nadie me diga que estoy haciendo algo malo! ¡¿Me oíste, Mamá?! *(Es la primera vez que los ojos se le aguan)*.

SANTIAGO: Tu madre no te ha dicho nada, hija mía.

MARELA: Yo sé que no, pero debemos cuidar a los muertos para que se sientan que siguen formando parte de este mundo. Para que no nos olviden y podamos contar con ellos cuando crucemos a la otra orilla.

CONCHITA: ¡Papá, deberíamos seguir leyendo!

MARELA: Tienes razón. Deberíamos seguir leyendo la historia en su honor, para que no sienta que su trabajo quedó sin terminar. Debemos dejarle saber que seguimos siendo sus fieles oyentes.

CONCHITA: Si pudiera leer, lo haría, pero sé que si abro ese libro, me voy a poner débil.

MARELA: Bueno, no debemos llorar. Las lágrimas son para los débiles que llevan luto, no sólo por la navaja y el asesino, sino también por el hilo de sangre que mana de esta fábrica hasta la casa dónde nació.

OFELIA: ¿No van a leer nada?

(Pausa).

PALOMO: Leo yo.

OFELIA: Muy bien, lee, y así nos libraremos de este silencio y de este calor. Y haremos una pausa después de unos párrafos para suspirar, y alegrarnos de estar vivos.

SANTIAGO: Pero lee otra cosa.

MARELA: Las historias tienen que acabar, Papá. Déjalo que termine el libro.

CONCHITA: Marela tiene razón. Las historias deben terminar, o sufrirán el mismo destino de los que mueren antes de tiempo.

(Palomo abre el libro, y mira a Conchita).

PALOMO: «Ana Karénina», tercera parte, capítulo catorce:

Al aproximarse a San Petersburgo, el marido de Ana Karénina llevaba ya trazada por completo la línea de la conducta que debía seguir con su mujer y hasta redactó mentalmente la carta que pensaba escribirle . . .

(Palomo levanta la vista del libro y fija la vista en Conchita).

En esa carta iba a escribir todo lo que había querido decirle.

(Las luces se van apagando).

FIN DE LA OBRA.

NILO CRUZ es el autor de muchas obras teatrales, incluyendo *A Park in Our House, A Bicycle Country, Two Sisters and a Piano, Lorca in a Green Dress, Hortensia and the Museum of Dreams, Dancing on Her Knees, Night Train to Bolina, Beauty of the Father, A Very Old Man with Enormous Wings,* y, además, tradujo *La casa de Bernarda Alba* y *Doña Rosita la soltera* al inglés. Sus obras han sido producidas a través de los Estados Unidos en numerosas salas teatrales, incluyendo The Joseph Papp Public Theater/New York Shakespeare Festival, New York Theatre Workshop, New Theatre (Coral Gables, Florida), McCarter Theater Center (Princeton, Nueva Jersey), Florida Stage, Alliance Theatre Company (Atlanta) Coconut Grove Playhouse (Miami), Magic Theatre (San Francisco), y el Oregon Shakespeare Festival. Asimismo, ha recibido innumerables premios y becas, incluyendo el premio Pulitzer 2003 por *Anna in the Tropics* (*Ana en el trópico*), y el galardón Steinberg y el premio Kesselring, así como becas del National Endowment for the Arts, AT&T, el Kennedy Center, y la Fundación Rockefeller. El señor Cruz es profesor de la Facultad de Artes Escénicas de la Universidad de Yale. Reside en Nueva York, y es antiguo alumno de New Dramatists.